MEDIDAS SOCIOEDUCATIVAS

UMA REFLEXÃO JURÍDICO-PEDAGÓGICA

M543m Meneses, Elcio Resmini
       Medidas socioeducativas: uma reflexão jurídico-pedagógica / Elcio Resmini Meneses. – Livraria do Advogado Editora: Porto Alegre, 2008.
       126 p.; 14 cm.
       ISBN 978-85-7348-512-7

       1. Medidas socioeducativas. 2. Adolescente infrator – Educação. 3. Direito da criança e do adolescente. 4. Adolescente infrator – Ministério Público. I. Título.

                                                CDU – 343.244

       Índice para o catálogo sistemático:
       1. Medidas socioeducativas
       2. Adolescente infrator – Educação
       3. Direito da criança e do adolescente
       4. Adolescente infrator – Ministério Público

       (Bibliotecária responsável: Marta Roberto, CRB 10/653)

Elcio Resmini Meneses

MEDIDAS SOCIOEDUCATIVAS
UMA REFLEXÃO JURÍDICO-PEDAGÓGICA

Porto Alegre, 2008

© Elcio Resmini Meneses, 2008

Capa, projeto gráfico e diagramação
Livraria do Advogado Editora

Revisão
Rosane Marques Borba

Direitos desta edição reservados por
Livraria do Advogado Editora Ltda.
Rua Riachuelo, 1338
90010-273 Porto Alegre RS
Fone/fax: 0800-51-7522
editora@livrariadoadvogado.com.br
www.doadvogado.com.br

Impresso no Brasil / Printed in Brazil

Aos meus queridos filhos, Luiza e Maurício, alegrias eternas;

À minha incansável esposa e companheira, Vanda, pelo amor;

Ao meu amigo Nelson, que me entregou um tesouro antes de partir.

Aos meus pais, pelo apoio na vida.

Do rio que tudo arrasta se diz que é violento, mas ninguém diz violentas as margens que o comprimem.

                                    Bertoldo Brecht

Prefácio

O trabalho de Elcio Resmini Meneses, que tenho o prazer de prefaciar, após ter tido a grata experiência de dele participar como orientadora do Programa de Pós-Graduação em Educação da UFRGS – PPGEDU –, testemunha a busca séria e comprometida do Promotor de Justiça com o respeito aos Direitos da Criança e do Adolescente contidos na Doutrina de Proteção Integral e assumidos na legislação brasileira.

A Constituição Democrática Brasileira de 1988 alargou as perspectivas de ação do Ministério Público, defensor da Lei e dos Direitos do Cidadão. Os princípios constitucionais, normatizados no Estatuto da Criança e do Adolescente (Lei Federal 8.069/90), exigem de todo o Sistema de Justiça um repensar da ação punitiva imposta ao adolescente em conflito com a lei. Além de garantir ao mesmo o devido processo legal, inclusive com direito à defesa, está garantindo que a medida a ser aplicada, oportunamente designada como "socioeducativa", seja de fato educativa, o que quer dizer, não veja apenas o ato cometido, mas a pessoa do adolescente e suas possibilidades de desenvolvimento pessoal e social, de *encontro consigo mesmo, com os outros e com o mundo,* o que, no dizer de Bernard Charlot, é o sentido da educação.

Elcio Resmini Meneses denuncia corajosamente, em seu trabalho, o quanto o Sistema de Justiça Juvenil está longe de concretizar essa perspectiva, tanto pela morosidade em seu funcionamento quanto pela falta de integração numa rede interdisciplinar. O Sistema dirige-se ao ato, e não à pessoa, e assim nega o Estatuto da Criança e do Adolescente e a Doutrina que o inspirou.

O autor desta obra é o testemunho de uma busca possível e de uma ação conseqüente.

Certamente o leitor terá muito a ganhar e sairá renovado da leitura deste livro. Ele presta um significativo serviço à lei e às crianças e aos adolescentes brasileiros.

Porto Alegre, julho de 2007.

Carmem Maria Craidy
Doutora em Educação

Sumário

Introdução 13
1. A educação como um direito fundamental 19
2. As doutrinas no tempo e o garantismo interdisciplinar 49
   2.1. A concepção penal 52
   2.2. A visão tutelar 54
   2.3. A proteção integral 59
3. Medidas socioeducativas: da natureza sancionadora e finalidade educativa 83
   3.1. A internação 95
   3.2. Advertência 99
   3.3. Reparação do dano 100
   3.4. Prestação de serviços à comunidade 101
   3.5. Liberdade assistida 104
4. Da teoria à prática – um caso concreto, sua história e seu resultado 109
Conclusão 117
Referências bibliográficas 123

Introdução

Este trabalho procura estabelecer uma reflexão sobre a natureza interdisciplinar que a análise do sistema de justiça deve fazer quando da aplicação e execução de medidas socioeducativas, assim entendidas as respostas do Estado frente a atos de adolescentes em conflito com a lei. Trato da interdisciplinaridade, acolhendo-a, na definição de Pierre Weil, como "síntese de duas ou várias disciplinas, instaurando um novo nível do discurso (metanível), caracterizado por uma nova linguagem descritiva e novas relações estruturais" (Weil, 1993, p. 31).

Busco, a partir do lugar que ocupo, como promotor de justiça do Estado do Rio Grande do Sul, analisar se o garantismo jurídico, de ordem material ou processual, mostra-se como suficiente à compreensão de que a resposta estatal ao adolescente infrator pode ser efetivamente pedagógica, ou se a educação inserida na palavra que substitui o vocábulo *pena*, essa contemplada aos atos ilícitos dos maiores, tem a valoração em busca da (re)construção do sujeito juvenil, ou não passa de mero eufemismo terminológico.

A proposta da discussão não está baseada na mera observação prática de um integrante do sistema de justiça, mas na preocupação em verificar se há embasamento teórico interdisciplinar dos operadores do direito, a partir de uma concepção do que seja educativo em seus pleitos ou decisões, evitando os experimentos com o adolescente sujeito de direitos, mesmo que momentaneamente na condição em que se pôs de conflito com a lei. Tomando-se por norte que a aplicação de uma sanção deva ser educativa e, no dizer de autores que defendem o garantismo jurídico, os quais refiro no trabalho, assim se apresentam conforme a natureza jurídica e finalidade das medidas socioeducativas, há necessidade de construir e desconstruir conceitos que não fazem parte do dia-a-dia do jurista, que se apropria de outras ciências para sustentação de seus atos. Mas a apropriação responsável demanda conhecimento, já que o empirismo pode conduzir à rápida conclusão de que toda punição é educativa, independente da maneira como é executada.

A abrangência da característica interdisciplinar que o estudo sobre as medidas socioeducativas traz em si obriga sistematizar neste trabalho a análise da relação jurídico-pedagógica, sem avaliar as causas geradoras dos atos em conflito com a lei e nem as conseqüências sociais da sanção, muito embora tal discussão mereça estudo próprio, por contemplar facetas que podem colaborar para que o operador do direito se vincule, de forma responsável, à medida mais adequada para cada adolescente, conforme sua história de vida familiar e o meio social onde se inseriu. Restrinjo, assim, a um debate sobre educação e pedagogia das medidas socioeducativas, partindo da compreensão da educação do século XX e das perspectivas que ela propõe ao novo milênio, que já passamos a percorrer.

Desde já, esclareço que o texto irá tratar de ações educativas como práticas sociais, identificadas como uma situação temporal e espacial determinada, na qual ocorre a relação ensino aprendizagem, formal ou informal. Também, apresentará inserções sobre práticas pedagógicas, reservando a utilização do vocábulo *pedagogia* para afirmar o estudo dos meios utilizados para o fim educativo. No contexto da análise das medidas socioeducativas, educação será a finalidade, e pedagogia, os meios utilizados para atingi-la.

A sistematização do trabalho apresenta um primeiro capítulo que propõe estabelecer a discussão sobre o direito à educação, tanto no seu aspecto formal, no acesso e permanência da criança e do adolescente na escola, como em uma perspectiva do conhecimento-emancipação, que permite o ingresso da solidariedade, defendida pelo sociólogo português Boaventura de Sousa Santos, com desafios que remetem à busca de uma pedagogia que problematiza o contexto atual, desafiando os educadores a avançarem na direção de uma educação transformadora, capaz de provocar a transformação da própria educação. A solidariedade como forma de conhecimento, no dizer de Boaventura, "é o reconhecimento do outro como igual, sempre que a diferença lhe acarrete inferioridade, e como diferente, sempre que a igualdade lhe ponha em risco a identidade" (apud Freitas, 2006, p. 79). É neste contexto, de respeito às diversidades, que apresento o primeiro capítulo, concebendo a educação como formadora de valores.

Há que se referir, aqui, a utilização de um conjunto de autores que não partilham da mesma posição teórica em relação à função socializadora da educação. O feixe de idéias que o trabalho proporá, mesmo que de vertentes diversas, construirão propositalmente uma reflexão sobre a possibilidade de apropriação de conceitos da educação formal na relação socioeducativa.

No segundo capítulo, faço a análise sobre as doutrinas que regeram a situação jurídica dos menores, depois crianças e adolescentes, apresentando legislações correlatas à doutrina exclusivamente penal do menor, passando pela nominada situação irregular, onde as políticas judiciárias apontavam para um sistema de ação social, até chegar à atual compreensão de uma doutrina de proteção, onde as crianças e os adolescentes deixam de figurar como objetos da suposta proteção, para atingirem a condição de sujeitos de direitos, em desenvolvimento. É nesta nova formatação de direitos que se proporciona uma discussão sobre o garantismo jurídico, gerador de um necessário processo penal juvenil, decorrente dos atos dos adolescentes em conflito com a lei.

Neste momento da construção dissertativa, é possível problematizar se a existência de um garantismo jurídico permite reconhecer ao adolescente infrator a existência da proteção integral, ou se esta somente se opera em plenitude por meio do reconhecimento de outras garantias, que emanem de um projeto social e educativo, permitindo, assim, conceber a sanção como prática pedagógica. Se o conteúdo, também nominado por alguns autores como finalidade da sanção, tem cunho educativo, como podem os operadores do direito, dentre eles o promotor de justiça, torná-lo efetivo, quando a morosidade dos procedimentos judiciais ameaça a efetividade das ações do sistema de justiça? Essa a maior indagação presente neste capítulo.

Mas, onde estará a finalidade educativa, defendida por Afonso Armando Konzen (2005), integrante do Ministério Público gaúcho, na advertência, na reparação dos danos, na prestação de serviços à comunidade, na liberdade assistida, ou nas medidas socioeducativas privativas de liberdade? O terceiro capítulo prende-se na verificação de cada uma das medidas, cotejando o agir do sistema de justiça com a efetividade educativa da resposta estatal.

Este terceiro capítulo permitirá refletir, mais uma vez, se há comprometimento do sistema de justiça com resultados educativos, ou se o processo penal juvenil representará conduto processual de fins punitivos.

Conjugando a abstração legal da aplicação de medidas socioeducativas com caso concreto vivido por adolescente, na Comarca de Bento Gonçalves, Estado do Rio Grande do Sul, o quarto capítulo vem apresentar sua situação de conflito com a lei, o contexto social e familiar de suas inserções e sua chegada ao sistema de justiça. Neste ponto, analiso o resultado, confrontando a opção do sistema de justiça entre a prática protetiva e sancionadora-educativa.

Toda a construção do trabalho, mais do que reflexão de um operador do direito, é uma provocação ao jurista e ao educador. Mesmo que concentrado na discussão sobre a pedagogia das medidas socioeducativas, pretende um chamamento à responsabilidade social de transformação. Não é somente a lei que determina a intervenção social do sistema de justiça e do educador, mas são princípios morais do cidadão que compelem à construção de novos paradigmas. Se estão eles sustentados pela responsabilidade social, é porque partem de uma responsabilidade individual, de cada cidadão, que, no respeito às diversidades, pode contribuir para a construção da dignidade e liberdade também do adolescente que um dia se opôs à lei. Este trabalho é uma proposta à reflexão do quanto estamos fazendo, inspirando-me no dizer de Friedrich Nietzsche:

> Ninguém pode construir em teu lugar as pontes que precisarás passar para atravessar o rio da vida, ninguém exceto tu. Existem, por certo, inúmeras veredas, e pontes, e semideuses que se oferecerão para levar-te do outro lado do rio; mas isso te custaria a tua própria pessoa: tu te hipotecarias e te perderias. Existe no mundo um único caminho, por onde só tu podes passar. Para onde levará? Não perguntes, segue-o. (*apud* Singer,1997, p. 28)

1. A educação como um direito fundamental

É preciso que se analise a educação como um direito fundamental do ser humano, posto na Constituição Federal brasileira vigente entre os direitos sociais. Antes de dar luz à forma de educar, o que se faz mediante textos legais, impõe-se a avaliação do que se pretende com a educação para o novo século, em meio a tantas transformações vividas pelo cidadão que educa e por aquele ao qual se pretende educar. Então, independente da constituição legal do direito, é necessário que se avalie o que é educação e o que se pretende dela para o século XXI. Somente é possível garantir a implementação de um direito social, conhecendo-o.

Etmologicamente, considerando educação como decorrência do termo *educare*, o foco estará no desenvolvimento da capacidade humana para a interação social e sua construção individual. Tendo-a como decorrência de *educere*, o que terá maior relevância será a capacidade interior do sujeito. Ou, ainda, derivada do latim *educatio, educationis*, que representaria qualificação cultural. De qualquer concepção, educação será bem mais do que instrução, consolidando-se como construção do sujeito, como um meio social de capacitação da pessoa para a imersão na sociedade como ser humano, que estabelece relações com o outro.

Representará o desenvolvimento da personalidade do ser humano, em busca de sua cidadania.

Já se verificava no dizer do filósofo Jean-Jacques Rousseau tal sentido da educação, como formadora de valores:

> Nascemos fracos, precisamos de força; nascemos desprovidos de tudo, temos necessidades de assistência; nascemos estúpidos, precisamos de juízo. Tudo o que não temos ao nascer, e de que precisamos adultos, é-nos dado pela educação. (...) Na ordem natural, sendo os homens todos iguais, sua vocação comum é o estado do homem; e quem quer que seja bem educado para esse, não pode desempenhar-se mal dos que com esse se relacionam. Que se destine meu aluno à carreira militar, à eclesiástica ou à advocacia pouco me importa. Antes da vocação dos pais, a natureza chama-o para a vida humana. Viver é o ofício que lhe quero ensinar. Saindo de minhas mãos, ele não será, concordo, nem magistrado, nem soldado, nem padre; será primeiramente um homem. Tudo o que um homem deve ser, ele o saberá, se necessário, tão bem quanto quem quer que seja; e por mais que o destino o faça mudar de situação, ele estará sempre em seu lugar. (*apud* Muniz, 2002, p. 33)

Educar para a formação da cidadania passa pelo conceito de "aprender fazendo", de J. Dewey, até hoje acatado na concepção de educação. O processo de desenvolvimento de cada cidadão mantém-se no tempo, sem obstar o crescimento de uma educação social do século XX. O surgimento de novos paradigmas, centrados na totalidade, reconhecem no cidadão, na sua formação, o direito a um projeto de vida, a uma criatividade que lhe permita o desenvolvimento pleno. Nessa perspectiva, tem o imaginário papel fundamental, reconhecendo categorias: a escolha, o pessoal, a singularidade, a unificação do conhecimento em torno dos cidadãos, a totalidade, contrapondo-se aos paradigmas clássicos, tidos como reducionistas da totalidade.

Porém, na medida em que se reconhece no mundo globalizado a mutação social, econômica, também se faz necessário reconhecer as transformações da educação. Como discuti-la sem reconhecer as diversidades das diferentes formações culturais? Como deixar de reconhecer etnias? Como deixar de considerar o subdesenvolvimento político e social?

A era virtual da educação chegará ao limite da substituição dos mestres presentes? Que papel poderá desempenhar a escola a partir de uma comunicação ágil e de poucas palavras propostas pela magia de uma rede de internet? Quem serão os educadores e quem serão os educandos?

As perspectivas da educação para o século XXI passam por estas novas categorias, sem deixar de reconhecer nas categorias da dialética, tais como determinação, necessidade, possibilidade, também formadoras da verdade, fontes para uma pedagogia contemporânea. A educação popular de Paulo Freire, tendo como categorias a conscientização e organização de uma camada social de menores recursos econômicos, balizada em princípios de solidariedade, certamente conviverá com a perspectiva futura.

Citando algumas das categorias que autorizam a refletir sobre o futuro da educação, busco identificar os paradigmas da educação formadora de cidadãos, neste ingresso recente de novo século. Ligeiramente, provoco reflexão sobre a relação entre as categorias propostas e a regulação insculpida na legislação brasileira, avançando sobre o que o jurista, aplicador da lei, entende como educativo. O que seria para o operador do direito, assim conhecido o profissional que vive a aplicação das leis, por exemplo, a categoria da interdisciplinaridade, a partir da perspectiva educacional da totalidade?

Ao buscar garantir o direito à educação, o direito à escola, deve estar também o jurista atento às diversidades, à totalidade, sem descurar que afirmações como "lugar de criança é na escola" devem estar abrigadas pelo respeito ao educando e educador como cidadãos. Da mesma forma, quando determina o cumprimento de medida socioeducativa, reconhecendo nas categorias dialógicas, necessidade e possibilidade, um processo educativo de resgate de cidadania.

A educação, a partir de tais paradigmas, deve ser uma política, capaz de formar cidadãos com uma visão crítica dos acontecimentos sociais. Para isso, proponho a análise com o preceito construtivista, citado por Jerome Bruner, como um dos que orientam a abordagem psicocultural à educação:

> A educação deve ser concebida como algo que auxilie o ser humano a aprender a utilizar as ferramentas de produção de significado e de construção da realidade, a adaptar-se melhor ao mundo em que ele se encontra, ajudando no processo de modificá-lo quando necessário. Neste sentido, ela pode até mesmo ser concebida como ajudando as pessoas a se tornarem melhores arquitetos e melhores construtores. (Bruner, 2001)

A educação, como um direito fundamental, também deve estar vinculada aos valores humanos. Não se dissocia o direito constitucional à educação da construção interior do sujeito.

O Relatório para a UNESCO, apresentado pela Comissão Internacional Sobre Educação para o Século XXI, presidida por Jacques Delors, permite extrair, mesmo que voltado à discussão da educação formal, alguns pontos de primordial inserção para a discussão sobre a educação como valor humano. Entre os pilares básicos de sustentação para o novo século, esse que agora já estamos a percorrer, está o "aprender a viver juntos", partindo-se de uma descoberta do "eu", em busca da descoberta do outro. O papel das instituições nesse contexto, tais como a família, a escola e a comunidade onde inseridas crianças e adolescentes, é fundamental na descoberta da pessoa individualmente, para que possa conhecer quem está a seu lado, compreendendo suas atitudes, suas reações. E a compreensão das reações somente poderá ocorrer se houver respeito às diferenças.

O ser humano é revestido de pensamentos, atitudes e lógicas diversas, sendo pressuposto básico da convivência o "aprender a viver juntos". Lógico é aprender a viver junto com quem se gosta. O problema estará na tolerância com quem não se gosta, ou não se conhece. O respeito à diversidade é fator fundamental a um processo educacional de valor humano, a um processo de pedagogia que possa servir à inserção da pessoa em determinado grupo, ou mesmo ao reconhecimento de atos que burlaram princípio de convivência, como quando da ação infracional do adolescente. Até mesmo para a prática de medidas que respondam (não somente no caráter retributivo à ação, mas com a perspectiva educativa da sanção) ao ato ilegal que ao outro prejudica, reconheceu o Estatuto da Criança e do Adolescente a esfera de respeito à capacidade peculiar de cada adolescente para o cumprimento da medida socioeducativa.

Sobre o reconhecimento às diferenças pela educação, alude Francisco Imbernón:

> A educação favorecerá a igualdade de oportunidades e a equidade, ou, pelo contrário, será um fator de seleção marginalização-exclusão? Este é o primeiro desafio do próximo século. Trata-se de responder à pergunta: seremos capazes de respeitar a diversidade? É imprescindível considerar, em primeiro lugar, que cada um de nós é uma pessoa única, isto é, todos somos diferentes, diversos em nosso próprio meio, seja este qual for. Provavelmente, o que marca, em última instância, a idiossincrasia da diferença é o modo como as pessoas estabelecem relações com seu contexto próximo, vivido de uma maneira global. Portanto, assumir a diversidade supõe reconhecer o direito à diferença como um enriquecimento educativo e social. (Imbernon, 2000)

A educação deve reconhecer as diferenças, para que possa afirmar a igualdade. Aparentemente, a idéia posta dá entonação de incompatibilidade, visto que pessoas iguais, atitudes iguais, devem ter tratamento igualitário. Esse o princípio básico constitucional: "Todos são iguais perante a lei". Todavia, até mesmo em face da lei, as diferenças devem ser respeitadas, mesmo na aplicação do princípio da igualdade. Como afirma José Afonso da Silva:

Mas, como já vimos, o princípio não pode ser entendido em sentido individualista, que não leve em conta as diferenças entre grupos. Quando se diz que o legislador não pode distinguir, isso não significa que a lei deva tratar todos abstratamente iguais, pois o tratamento igual – esclarece Petzold – não se dirige a pessoas integralmente iguais entre si, mas àquelas que são iguais sob os aspectos tomados em consideração pela norma, o que implica que os "iguais" podem diferir totalmente em outros aspectos ignorados ou considerados como irrelevantes pelo legislador. (Silva, 1992, p. 197)

Sobre isso, apontou Edgar Morin, quando de sua participação em mesa-redonda realizada pelo Centro de Desenvolvimento Sustentável da Universidade de Brasília, em 10 de junho de 1999:

Pode-se falar de igualdade na diversidade. Pode-se falar de igualdade porque a diversidade não significa uma visão hierárquica. A diversidade é uma pluralidade de possibilidades. Igualdade não significa igualdade entre os mesmos. Igualdade pode ser entre pessoas, a igualdade humana vale para todas as culturas, para todas as línguas, para todas as raças, etc. (Morin, 2004)

Também na educação formal, e trato assim o direito à educação escolar, não se pode e não se deve fugir de tais preceitos de valores humanos. Não há como pensar uma educação escolar sem reconhecer a igualdade nas diversidades. Dos educadores, dos educandos, de suas famílias, da comunidade onde estão inseridos.

O respeito à diversidade de pensamentos, de manifestação de opiniões, de envolvimento com as questões escolares, é imprescindível ao sucesso da comunidade. O citado Relatório da Comissão Internacional sobre Educação para o Século XXI assim já preconizava:

A educação pode ser um fator de coesão, se procurar ter em conta a diversidade dos indivíduos e dos grupos humanos, evitando tornar-se um fator de exclusão social. O respeito pela diversidade e pela especificidade dos indivíduos constitui, de fato, um princípio fundamental, que deve levar à exclusão de qualquer forma de ensino estandardizado ... Depois, é necessário que os próprios sistemas educativos não conduzam, por si mesmos, a situações de exclusão...Gerador de exclusão, o insucesso escolar está, pois, em muitos casos, na origem de certas formas de violência e de desvios individuais. (Delors, 1996)

Para que se fale de direito à educação, inarredável reconhecê-la como princípio fundamental de sedimentação dos valores humanos, na concepção de compreensão do outro como ser em processo permanente de construção de seus significados. Apontando Edgar Morin o "ensinar a compreensão" como um dos saberes necessários à educação do futuro, diz:

> A compreensão é a um só tempo meio e fim da comunicação humana. Entretanto, a educação para a compreensão está ausente do ensino. O planeta necessita, em todos os sentidos, de compreensão mútua. Considerando a importância da educação para a compreensão, em todos os níveis educativos e em todas as idades, o desenvolvimento da compreensão pede a reforma das mentalidades. Esta deve ser a obra para a educação do futuro. A compreensão mútua entre os seres humanos, quer próximos, quer estranhos, é daqui para a frente vital para que as relações humanas saiam de seu estado bárbaro de incompreensão. Daí decorre a necessidade de estudar a incompreensão a partir de suas raízes, suas modalidades e seus efeitos... Constituiria, ao mesmo tempo, uma das bases mais seguras da educação para a paz, à qual estamos ligados por essência e vocação. (Morin, 1999, p. 104)

Acredito na educação como o princípio norteador dos demais direitos e garantias do ser humano. A instituição escolar, na função civilizadora, pode tornar-se um conduto de respeito à convivência para a paz, se compreender a existência das diversidades. A cartilha da Plataforma Interamericana de Derechos Humanos, Democracia y Desarrollo (2005), para la Campaña Continental por el Derecho a la Educación, Coordinada por la Plataforma Interamericana de Derechos Humanos, Democracia y Desarrollo (Pidhdd), assim diz:

> Los derechos humanos expresan aquello que la sociedad debe aportar para la plena realización de la persona. De ahí la centralidad del derecho a la educación, llamado a desarrollar las capacidades innatas de todo ser humano, especialmente de «quienes comienzan la aventura de la vida.

> La educación es un multiplicador que aumenta el disfrute de todos los derechos y libertades individuales cuando el derecho a la educación está efectivamente garantizado y priva a las poblaciones del disfrute de muchos derechos cuando se niega o viola ese derecho.

Sendo a educação multiplicadora dos demais direitos, em um mundo globalizado e de mudanças sistemáticas de comportamentos, terá o direito materializado em norma jurídica o grande desafio de propiciar ao ser em desenvolvimento o pensamento crítico frente à realidade. Afinal, como afirma Rovilio Costa:

> A educação é um processo pelo qual levamos as novas gerações a adquirir seu modo peculiar de comportamento, em sentido amplo, englobando crenças e tendências. Na aquisição do próprio comportamento, outro grande encargo da escola é formar o pensamento crítico frente à realidade. Saber julgar é passo importante para aprender a viver. (apud Vian, 1974, p. 145)

A educação tem a função, em todos os segmentos – para que não se foque apenas na escola –, de permitir que os processos de crise sejam acolhidos como educativos, reestruturadores da auto-estima, ensejadores de uma reflexão sobre comportamentos passados e atuais, mas que apresente uma visão de futuro, onde o ser humano possa imaginar-se efetivo sujeito de direitos. Assim se educará em valores.

Toda a reflexão feita até o presente momento está a preceder a visão normativa do direito constitucional à educação, que estabelece relações do sujeito com a escola, com a família e com a sociedade, assim disciplinando o artigo 205 da Constituição Federal, o que é reafirmado no artigo 4º do Estatuto da Criança e do Adolescente e no artigo 1º da Lei de Diretrizes e Bases da Educação. No entanto, assim se fez por acreditar que é da visão da educação como construção de valores que se passa a compreender a pertinência educativa das medidas reservadas no Estatuto da Criança e do Adolescente aos adolescentes em conflito com a lei. E, tanto em uma, quanto em outra frente da educação, estará o sistema de justiça no dever de garantir tal direito constitucional.

Mas, por ser a educação escolar primordial para a formação da cidadania, como um dos apoios de sustentação dos valores humanos, em substituição aos conflitos que poderiam levar à necessidade da intervenção posterior do sistema de justiça no processo penal juvenil, tecerei uma célere abordagem do direito à educação escolar no Brasil, enfocando principalmente os princípios constitucionais e infraconstitucionais, como o Estatuto da Criança e do Adolescente.

Antes, porém, de uma abordagem histórica do tempo, convém que se indague, pelas múltiplas possibilidades de visões sobre o tema, o que é educar e quais os objetivos da educação. Tais indagações poderão nortear o processo de construção do ser humano, nos valores antes referidos. E não restam dúvidas de que a intervenção escolar é fundamental na continuidade do processo educacional, que, se imagina, iniciou na família.

Para Antonio Carlos Gomes da Costa, "educar é criar espaços para que o educando, situado organicamente no mundo, empreenda, ele próprio, a construção de seu ser em termos individuais e sociais" (1990).

Edgar Morin, citando o entendimento de Durkheim, diz:

> O objetivo da educação não é o de transmitir conhecimentos sempre mais numerosos ao aluno, mas o de criar nele um estado interior e profundo, uma espécie de polaridade de espírito que o oriente em um sentido definido, não apenas durante a infância, mas por toda a vida. É, justamente, mostrar que ensinar a viver necessita não só dos conhecimentos, mas também da transformação, em seu próprio ser mental, do conhecimento adquirido em sapiência, e da incorporação dessa sapiência para toda a vida. (Morin, 2000)

O direito à educação deve estar comprometido com o futuro do sujeito-aluno, seja pela aprendizagem que propõe a partir da autonomia do educando para reconstruir conhecimentos, oferecendo o educador exemplos que se opõem às idéias já construídas, por vezes pela bagagem familiar, seja pelo reconhecimento do erro e dos conflitos como espaços de interlocução para a revisão de condutas.

Mesmo que a legislação brasileira contemple, como adiante se verá, a escola para todos, somente terá sentido tal direito fundamental se educandos e educadores, atores do sistema educacional, permitirem que a construção e reconstrução de idéias no espaço escolar parta de um respeito mútuo que autorize pensar no sucesso do aluno e na realização do professor. O direito à educação não se esgota na letra fria da lei, como se tratasse de mero espaço. Deve tratar tal direito fundamental também de relação interpessoal, onde o educando reconheça que o espaço escolar concede o direito ao aprendizado teórico, mas que também encaminha às reflexões práticas sobre o lugar de ocupação de cada um no contexto social. Esta relação, se assim entendida, poderá conduzir ao direito à educação de qualidade.

O aluno fora da sala de aula afronta a juridicidade. Mas o aluno na sala de aula, sem espaço para o erro, e por causa dele, desautorizado a reconstruir concepções, afronta a proteção integral de pessoa em desenvolvimento. Ainda, o aluno na sala de aula, porque assim determina a lei, que não respeita a convivência com o educador e com os outros alunos, liqüida com a qualidade da relação. Penso, enfim, que o direito à educação escolar não é meramente legal, pois não está centrado unicamente em disponibilidade de vagas, mas na excelência das relações que se estabelecem entre a família, o educando, o educador e a escola. A qualidade do direito à educação passa, assim, a representar a validade de uma proposta educativa e a certeza de que o direito fundamental é mais do que a norma jurídica. Em busca desta qualidade é que analiso algumas idéias pedagógicas que, no princípio de um novo século, são cada vez mais atuais.

Parece não haver, no pensamento pedagógico do século XX, divergência sobre os objetivos da educação. Evidentemente resguardadas as peculiaridades e contribuições próprias, os pensadores da pedagogia apontam a formação do cidadão para a vida, a partir da instituição escolar, como escopo primordial do ato de educar. Discorro, brevemente, sobre idéias centrais que apontam alguns dos maiores pensadores sobre a educação que prepara para a vida.

Tem-se no filósofo John Dewey a análise de uma destas particularidades. Sua proposta de escola democrática de formação permite verificar a necessidade de algo mais do que a escola tradicional, já que esta contempla a satisfação individual. A escola deve buscar a adequação do modo de vida do ser humano com o núcleo social. Os objetivos da educação seriam plenamente verificados ao olhar para o futuro, verificando-se as conseqüências positivas decorrentes do ato de educar. Ou seja, verificando-se que a educação operou a efetiva formação do cidadão, como no dizer de Dewey, "na vida depois da escola".

O direito à educação deve passar por um processo de reconhecimento do sujeito aluno, como construtor de sua formação. A escola deve estar mobilizada para que a legislação seja mais do que um mero impositivo garantidor do acesso e permanência, mas um meio de promoção de cidadania. Educar, mais do que instruir, parece ser o papel institucional da escola.

Mais uma vez, o reconhecimento das diversidades, antes referido, terá significação em Célestin Freinet, quando o direito à educação estará intimamente vinculado e submisso às necessidades e às particularidades de cada ser em desenvolvimento que à escola acorre, conforme as experiências que trazem da bagagem do meio familiar e social em que vivem. O espírito contributivo e de cooperação que tal escola, segundo Freinet, deve possuir, é que permitirá que a relação entre educandos e educadores seja efetivo direito à educação de qualidade, o que é mais do que o direito ao acesso e permanência. Respeitando, como já em Dewey se encontrava, a democracia como ponto de partida.

Não proponho, no que discorro, uma análise detalhada da instituição escolar, pois o foco se concentra no ato de educar para a vida, na escola ou na medida dita educativa que decorre do ato infracional.

Quando refiro ao longo do trabalho a educação para a vida, alerto para a transferência de responsabilidades que a organização familiar passou a fazer, ao longo do tempo, provocando a escola para a assunção de tarefas que, primordialmente, não lhe pertenceriam. E isso não é novo, ou seja, não é de uma geração de pais que está ocupada com o trabalho como única forma de sobrevivência. Digo isto porque a equiparação de direitos entre homens e mulheres no Brasil vem em recente construção, seja pelo advento do Estatuto da Mulher Casada, da Constituição Federal e das leis ordinárias civis que antecederam ou se seguiram. Mas, o certo, é que à mãe estava reservada a tarefa de educar, no seio familiar, sendo o pai o provedor.

Entretanto, não posso deixar de reconhecer em escritos do sociólogo Amaral Fontoura, Professor da Faculdade de Filosofia Santa Úrsula, no afastado ano de 1953, que a transferência de tarefas educativas pela família à escola não é fato novo. Dizia:

> Em todo tempo, família e escola se completam. A família deve acompanhar e completar a tarefa da escola, agindo de comum acordo com ela. A melhor organização educacional não vale o amor de uma mãe. Esse entendimento, essa cooperação sincera entre pais e professores é questão de magna importância, que urge ser intensificada, não só tendo em vista o que diz respeito diretamente à criança, como também à própria formação consciente dos pais na dificílima tarefa de educar seus filhos. Com grande tristeza se constata que na atualidade há uma forte tendência por parte da família a eximir-se de sua tarefa educativa. (Fontoura, 1953, p. 216)

E, sobre o atual (veja-se que refiro o distante ano de 1953, muito antes da era da informatização) papel da escola, completava o autor:

> Uma das falhas do nosso sistema de educação consiste precisamente em ser pouco de educação, limitando-se de maneira quase exclusiva a ser um sistema de instrução. É imprescindível que a escola não se ocupe apenas com as matérias do currículo, mas também com a pessoa do educando. As dificuldades econômicas do Brasil atual, a luta pela vida, a escassez de comida, a diminuição do poder da família sobre o jovem (conseqüência do crescente desmantelamento doméstico).., tudo isso concorre de maneira decisiva para criar em nossos jovens um cepticismo amargo, uma indiferença pelos mais sagrados valores ético-sociais da nossa existência. Como última conseqüência de toda essa confusão, multiplicam-se os problemas psicológicos de cada um dos jovens: surgem os conflitos, os desajustamentos na família, no emprego, na escola, e até dentro da sala de aula. (Fontoura, 1953, p. 222)

A essa transferência de atribuições se opõe o filósofo e educador francês Jean Hébrard (2000, p. 10), que vê a escola relacionada à cultura, que tenha como objeto algo que não mude de maneira freqüente. A vida muda constantemente, e, por isso, não pode ser preocupação da escola.

Talvez por diferenças no processo educativo francês em relação ao brasileiro, ou, quem sabe, por circunstâncias sociais, é que a divergência de compreensão sobre o papel da escola transparece nitidamente. Mesmo que não pretenda discutir o real papel da escola e do educador, como defendo ser aquela parte integrante da construção de valores para o futuro, com base na experiência do passado e nas realizações do presente, é que concebo a cultura como interdisciplinaridade de fatores, sejam morais, éticos, epistemológicos. Conforme Mariano Narodowski:

> Já não é a cultura escolar a que necessariamente é predominante, mas frente a um conflito entre cultura escolar, cultura familiar e cultura da mídia, o conflito é dirimido no aqui e no agora, sem legitimidades pré-estabelecidas. Isso significa que o docente não possui legitimidade de origem quanto a ocupar um lugar de saber em oposição ao lugar de não-saber da infância dependente do adulto. Não porque o docente não

esteja legitimidade, mas porque na atualidade tem que sair todos os dias em busca da obtenção de sua legitimidade: e se há um conflito entre as pautas culturais trazidas pela criança à escola (por exemplo, as que surgem da televisão) e as que tradicionalmente são adotadas pela escola, não é certo que o conflito seja dirimido em favor da cultura escolar. (*apud* Silva, 1998, p. 176)

Assim, de fato a cultura da vida está em contínuo processo de mutação, desafiando o processo pedagógico; mas o educador deve para isto estar preparado, a fim de que a cultura escolar seja mais um ingrediente na formação dos valores humanos. Na compreensão multiconceitual, tomo por concepção a modernidade líquida do sociólogo Zygmunt Bauman (2001), onde um projeto de vida deve contemplar o viver a cada momento, onde estilos de vida, convicções, instituições, constroem e desconstroem de forma permanente; onde tudo é temporário e, por isso, líquido, sem manutenção de forma.

Bem verdade que grandes são os riscos de uma sociedade inserida neste contexto, pois as ações neutralizadoras às surpresas indesejadas podem ser tardias, pela ausência de planejamento. Mas esse é o contexto da educação, onde, segundo Bauman, as verdades estão relativizadas. Caberá ao educador entender a verdade da educação no contexto social em que se insere, com as múltiplas culturas que a cercam.

Por isso que, ao analisar a convergência de observações dos pensadores do século XX, necessário é referir as preocupações que externam com o educador, pois, sem a verificação de uma postura de respeito às diversidades e contemplação do aluno como sujeito formador do processo educacional, em risco estará o processo pedagógico. Também isto servirá à análise do sistema de justiça, quando se defrontar com a pertinência pedagógica das medidas socioeducativas, que deverá reconhecer o adolescente infrator como integrante de um processo pedagógico.

A preocupação com os educadores também esteve presente nos ideais pedagógicos de Paulo Freire. Passaria pela formação de professores, obviamente entre outras circunstâncias, a qualidade da educação escolar. A pedagogia do diálogo enfrentaria a pedagogia autoritária da escola, buscando afastar todo o processo de injustiça que nela poderia estar arraigado. Freire propôs que as escolas fossem à sociedade. Que a educação se aproximasse do meio social, proporcionando, assim, uma incorporação da visão de mundo que o aluno possuía do processo educativo.

A abertura da escola, para Paulo Freire, em função do meio social, contemplaria a viabilidade da interação da sociedade, representada pelas famílias, com a educação, através da participação comunitária que garantisse o conservadorismo da indispensável transmissão de conhecimentos, mas também a prática progressista educativa de discussão sobre os problemas sociais. Mas, aquilo que intitulou como "concepção bancária da educação", qual seja o processo de aprendizagem que não objetiva o homem livre para pensar e repensar o mundo, não pode mais encontrar espaço no ambiente escolar. A formação do Círculo de Pais e Mestres ou dos Círculos de Cultura, como idealizados por Freire, permitiu o intercâmbio entre sociedade e ambiente escolar, entre educação e meio social. Talvez hoje esteja faltando um pouco mais de interação.

Foi a partir do entendimento da pedagogia como ciência interdisciplinar que Freire alargou o conceito de escola e de sala de aula. Compreendeu a educação como comunitária, virtual, multicultural e ecológica, não mais existindo a "cidade educativa", mas um planeta de conhecimentos e de interações sociais.

A validade da teoria e da práxis de Freire esteve relacionada a quatro instituições originais, entre as quais destaco a defesa da educação como ato dialógico e, ao mesmo tempo, rigoroso, intuitivo, imaginativo, afetivo. Esta relação permitia que o ato de conhecer e de pensar estivessem diretamente ligados ao convívio com o outro. O conhecimento, para Freire, era um ato histórico, gnosiológico, lógico e de dimensões dialógicas.

Em mais um dos pensadores da pedagogia, esteve presente o direito à educação de qualidade, crítico e em sentido futurista. E, além disso, de participação democrática, que reafirmou a formação do cidadão, sujeito em desenvolvimento, como inspiração da educação.

É a partir desta abordagem, que apresento uma legislação contempladora do direito formal à educação, tal como construído nas leis que se seguiram, desde o Brasil Colônia, até o advento da Constituição Federal de 1988, onde os princípios democráticos foram assegurados.

No que diz com o processo histórico da legislação brasileira, desde o Brasil-Colônia, onde o sistema educacional era mantido pelos Jesuítas, a educação vem firmando-se como primordial ao desenvolvimento humano. Já na Constituição Federal de 1824, a legislação educacional passou a existir, contemplando a educação primária gratuita. Certamente, pelo contexto histórico, camadas da população não obtiveram o acesso promulgado, considerando que, à margem, estavam os negros, os índios e as mulheres.

Seguindo-se, ao Estado é atribuída parcela de responsabilidade pela manutenção do sistema educacional, sendo que, na Constituição Federal de 1891, era confirmado o sistema dual de ensino, onde a responsabilidade federal passava pela formação das elites, enquanto que ao sistema estadual era reservado o ensino primário e profissional às camadas populares.

Mas, é no período compreendido entre 1930 e 1945 que se firma a participação do Estado na organização e funcionamento do sistema, quando a Revolução cria o Ministério da Educação e Saúde. Segue-se daí uma série de implementações de responsabilidades ao Estado, como garantidor e responsável pelo processo educativo, tanto que, em 1931, são criadas as universidades, com a reformulação do ensino superior. Na Constituição Federal de 1934, assenta-se a educação como formadora da personalidade, estabelecendo o artigo 149 daquele diploma:

> A educação é direito de todos e deve ser ministrada pela família e pelos poderes públicos, cumprindo a estes proporcioná-la a brasileiros e estrangeiros domiciliados no paiz, de modo que possibilite efficientes factores da vida moral e econômica da Nação, e desenvolva num espirito brasileiro a consciência da solidariedade humana.

Já, em 1937, embora o cunho ditatorial da Constituição Federal, a educação foi aposta como gratuita, obrigatória e solidária, como dever dos pais para ministrá-la, cabendo ao Estado apenas o dever de colaborar e complementar as deficiências da educação particular.

Sobrevindo a Constituição Federal de 1946, com a recuperação dos princípios democráticos, a obrigação solidária ressurge, reconhecendo a educação como um direito de todos, a ser dada no lar e na escola, inspirada em princípios de liberdade e nos ideais de solidariedade humana. Surge, em 1948, como disciplina infraconstitucional, o primeiro Projeto de Lei de Diretrizes e Bases, posteriormente confirmadas suas diretrizes através da Lei nº 4.024, de 1961, onde, no princípio de reconhecer a educação escolar como fundamental, insere-se a proposta dos ensinos primário e secundário gratuitos. Mais adiante, no processo evolutivo do reconhecimento legal do direito à educação escolar, a Lei nº 5.692, de 1971, acolhe o ensino primário (1º grau) como obrigatório e gratuito nas escolas públicas, sendo o ensino secundário (2º grau) voltado à profissionalização.

Já na Constituição Federal de 1967, houve a reafirmação da solidariedade no processo educacional, sendo importante referir que nela restou assegurada a igualdade de oportunidade. Entretanto, em face do momento de repressão que o país passou a vivenciar, suprimiu o texto constitucional de 1969 o direito à igualdade de oportunidade na educação.

Chegando, após rápido percurso da narrativa histórica, a período próximo, o marco decisivo à nova implementação dos direitos foi a Constituição da República Federativa do Brasil, publicada em 5 de outubro de 1988, estabelecendo uma co-responsabilidade de instituições na implementação do direito à educação. Assim diz o artigo 205 da mencionada Lei Maior:

> A educação, direito de todos e dever do Estado e da família, será promovida e incentivada com a colaboração da sociedade, visando ao pleno desenvolvimento da pessoa, seu preparo para o exercício da cidadania e sua qualificação para o trabalho.

Essa divisão de responsabilidades, assim entendida como parcela de contribuição de cada instituição, mas nunca como fragmentação, é claramente sistematizada no mesmo contexto constitucional, que assim proclama:

> Art. 227. É dever da família, da sociedade e do Estado assegurar à criança e ao adolescente, com absoluta prioridade, o direito à vida, à saúde, à alimentação, à educação, ao lazer, à profissionalização, à cultura, à dignidade, ao respeito, à liberdade e à convivência familiar e comunitária, além de colocá-los a salvo de toda forma de negligência, discriminação, exploração, violência, crueldade e opressão.

O direito à educação, como posto na Lei Maior brasileira, é, sem dúvida, direito público subjetivo vinculado à cidadania e essencial ao desenvolvimento humano. É direito fundamental do cidadão.

Reafirmam-se, assim, as obrigações Estatais, mas a lei vem resgatar a obrigação da família, que, com o passar do tempo, foi se afastando da sua incumbência educativa. Aliás, neste ponto, já dizia Raymond Beach:

> Na origem da história, a família estava encarregada de ensinar tudo. Ela formava, modelava, dirigia as mãos, o pensamento, a alma dos filhos. À medida que a civilização foi complicando as engrenagens da sociedade e que a família foi falindo nos seus deveres interiores para transportar a sua atividade para o exterior, foi necessário que ela se libertasse do trabalho da educação. (*apud* Meneses, 2002, p. 48).

Entretanto, mesmo que o direito à educação possa ser fator fundamental ao exercício da cidadania e, por isso, o envolvimento das instituições (família, escola) represente matéria cogente, volto à abordagem legal, já que o foco do presente instrumento está centralizado na utilização de dispositivos da lei para resposta a atos que a afrontem, como um processo educativo. O desvio de análise que rapidamente propus fica escusado na crença de que não há instituição (talvez, por menos razão, o sistema de justiça) capaz de assegurar o direito à educação de forma isolada, mormente por intermédio de medidas que tenham, também, caráter sancionatório.

Na cronologia temporal, verifica-se significativo avanço no direito à educação, com a entrada em vigor da Lei nº 9.394, de 20 de dezembro de 1996 (Lei de Diretrizes e Bases da Educação), onde foi garantido o acesso da criança, mais tarde adolescente, à educação infantil, compreendendo-se creche e pré-escola; ao ensino fundamental, com duração mínima de 8 anos (hoje já em 9 anos); ao ensino médio, com duração mínima de 3 anos; à educação especial, com oferta obrigatória dos 0 aos 6 anos de idade; e ao ensino dos jovens e adultos (EJA), a partir dos 15 anos de idade. Legislações posteriores vieram, propondo novos prazos e responsabilidades, mas, tal como a lei original, ratificando os princípios constitucionais de cidadania e interação social, referidos no artigo 1º da LDB:

> A educação abrange os processos formativos que se desenvolvem na vida familiar, na convivência humana, no trabalho, nas instituições de ensino e pesquisa, nos movimentos sociais e organizações da sociedade civil e nas manifestações culturais.

Toda a sociedade, englobando as instituições antes referidas, recebeu, mais uma vez, a responsabilidade educativa. Como acima exposto, a construção de princípios legais que assegurou a cidadania, pondo a educação como direito social e fundamental a sua existência, nos traz a necessária referência ao Estatuto da Criança e do Adolescente, em face das transformações havidas ao longo do tempo, passando de uma visão de "menor em situação irregular" à criança e adolescente em situação de risco. Funda-se tal norma, para todos os direitos reconhecidos, na liberdade, respeito e dignidade (artigos 15 a 18), envoltos no princípio maior da igualdade, que, como referi, deve reconhecer as diversidades.

A educação, portanto, deve ter início na convivência familiar, atribuindo o Estatuto da Criança e do Adolescente aos pais a responsabilidade, como decorrência do exercício do poder familiar, reconhecendo aos filhos, como inserto no artigo 19, o direito de ser educado no seio de sua família. A educação que à família é delegada como dever tanto se vincula à formação da criança e do adolescente como sujeito de direitos, na ordem moral, como na imposição da educação formal, quando da obrigação dos pais na matrícula e controle de freqüência escolar dos filhos.

Também no que diz com o direito à educação escolar, significativos avanços foram encontrados, não só perpassando pelas questões da ratificação da gratuidade do ensino ou oferta de ensino noturno ao adolescente trabalhador, mas no reconhecimento ao respeito de tal público como ser humano em desenvolvimento, oportunizando a escola, desde cedo, o exercício da cidadania.

Mesmo assegurado o direito à educação, como um conjunto de princípios de formação do ser humano, na interação das instituições apontadas, em indissociável simbiose, vive o educador a contradição entre a educação como formação do sujeito e a educação como reconhecimento do sujeito, bem apontada por Philippe Meirieu:

> A educação deve preparar a criança, pela autoridade da transmissão cultural, para o acesso à cidadania ou, ao contrário, deve reconhecer a criança a priori como um igual, um sujeito com quem se pode ter uma aproximação que, por si só, tornará possível o acesso à cultura? Deve-se assumir a educação como um golpe de força inicial que introduz a criança no mundo até que ela transponha a fronteira e possa decidir

livremente sobre sua vida e suas escolhas? Ou é preciso respeitar nela, desde seu nascimento, um sujeito que decide sobre sua existência, a quem podemos apenas oferecer possibilidades, comprometendo-a permanentemente com sua própria educação? (Meirieu, 2002)

Retomando a visão de Antônio Carlos Gomes da Costa, oferecer possibilidades, como dito por Meirieu, seria criar os espaços para que a educação aconteça.

Assim andou a legislação brasileira, quando ratificou alguns preceitos da normativa internacional, como os insculpidos na Declaração Universal dos Direitos do Homem e do Cidadão (1949):

Art. 26. (...)
1- A educação deve visar à plena expansão da personalidade humana e ao reforço dos direitos do Homem e das liberdades fundamentais e deve favorecer a compreensão, a tolerância e a amizade entre todas as nações e todos os grupos raciais ou religiosos, bem como o desenvolvimento das atividades das Nações Unidas para a manutenção da paz.

Acrescentam-se os princípios postos na Declaração dos Direitos da Criança, adotada pela Assembléia das Nações Unidas, em 20 de novembro de 1959:

Princípio 7º
A criança terá direito a receber educação, que será gratuita e compulsória pelo menos no grau primário.
Ser-lhe-á propiciada uma educação capaz de promover a sua cultura geral e capacitá-la a, em condições de iguais oportunidades, desenvolver as suas aptidões, sua capacidade de emitir juízo e seu senso de responsabilidade moral e social, e a tornar-se um membro útil da sociedade.
Os melhores interesses da criança serão a diretriz a nortear os responsáveis pela sua educação e orientação; esta responsabilidade cabe, em primeiro lugar, aos pais.
A criança terá ampla oportunidade para brincar e divertir-se, visando os propósitos mesmos da sua educação; a sociedade e as autoridades públicas empenhar-se-ão em promover o gozo deste direito".

Ainda, em tempo mais próximo, tratando-se de norma internacional ratificada no Brasil, tem-se a Convenção dos Direitos da Criança, que, ao dizer sobre educação, afirma:

> Art. 28
> 1- Os Estados Partes reconhecem o direito da criança à educação e, a fim de que ela possa exercer progressivamente e em igualdade de condições esse direito, deverão especialmente:
> a) tornar o ensino primário obrigatório e disponível gratuitamente para todos;
> b) estimular o desenvolvimento do ensino secundário em suas diferentes formas, inclusive o ensino geral e profissionalizante, tornando-o disponível e acessível a todas as crianças, e adotar medidas apropriadas tais como a implantação do ensino gratuito e a concessão de assistência financeira em caso de necessidade;
> c) tornar o ensino superior acessível a todos com base na capacidade e por todos os meios adequados;
> d) tornar a informação e a orientação educacionais e profissionais disponíveis e acessíveis a todas as crianças;
> e) adotar medidas para estimular a freqüência regular às escolas e a redução do índice de evasão escolar.
> 2- Os Estados Partes adotarão todas as medidas necessárias para assegurar que a disciplina escolar seja ministrada de maneira compatível com a dignidade humana e em conformidade com a presente Convenção.

Considerando a existência de leis que asseguram o direito à educação, como as tornar efetivas? Sendo uma obrigação compartilhada entre o Estado e a sociedade, neste contexto com a presença da família, onde haveria de se inserir a função do Ministério Público, como órgão constitucionalmente incumbido de fazer valer os direitos fundamentais do cidadão?

É nesse contexto que procuro apontar a intervenção da instituição do Ministério Público em busca do reconhecimento do direito à educação escolar. Se o direito estiver em confronto com a negativa de oferta, socorre-se o Ministério Público da possibilidade de intervenções na esfera administrativa, fazendo uso do inquérito civil, onde poderá investigar a causa do direito violado, propondo a ação civil pública que visa a fazer cessar a ofensa. Se o direito estiver ameaçado pela própria conduta familiar, caberá à instituição utilizar subsidiariamente os instrumentos jurídicos que demandem a aplicação das medidas de proteção, ou medidas que sejam pertinentes aos pais ou responsáveis, conforme previsto nos artigos 101 e 129 do Estatuto da Criança e do Adolescente.

A provocação feita judicialmente pelo Ministério Público encontrará no Poder Judiciário, órgão com atribuições de julgamento, a resposta do próprio Estado para as ações ou omissões que impeçam o pleno exercício do direito à educação. Não obstante a possibilidade do ajuizamento de ações, ainda poderá existir intervenções na ordem administrativa, como ocorre com a FICAI (Ficha de Comunicação de Aluno Infreqüente), utilizada no Rio Grande do Sul, recebendo outras denominações nos demais Estados, momento em que o Ministério Público busca reinserir o educando no ambiente escolar. Neste caso, como defendi anteriormente, com relevância para a qualidade da relação educando-educador, garantindo o direito à educação construída por ambos.

As duas faces inter-relacionadas do direito à educação estão, então, expostas. A primeira, que entende a educação como formação de valores para a vida, a partir do respeito ao sujeito cidadão que se desenvolve para o meio social, em simbiose permanente. A segunda, seguindo aquela, que reconhece na escola, como proposta no pensamento de Dewey, Freinet e Freire, um espaço democrático de construção e reconstrução, de crises e de resgates de valores, de conhecimentos teóricos e de sabedorias do mundo.

A educação possível para resgate de valores humanos passa por tais pensamentos, seja qual for o espaço e o tempo pedagógico. A garantia deste direito fundamental está na lei. Mas também está naqueles que a operam, que a aplicam. Nesse contexto é que estará incluído o sistema de justiça, com as atuações constitucionais a ele consignadas.

Por último, encaminhando a discussão sobre a atuação deste mesmo sistema de justiça na aplicação de medidas para o adolescente em conflito com a lei, convém que ainda se refira a pedagogia em Makarenko, que, muito embora não contemplador de explicação teórica para o processo educativo, buscava no saber fazer do educador, saber relacionar-se com o educando, a prática do que chamava de maestria pedagógica.

A escolha que faço, relatando o pensamento de Makarenko neste momento, está relacionada à construção das doutrinas que percorreram, no tempo, a evolução dos direitos fundamentais de crianças e adolescentes no Brasil. Mais adiante, percorrerei a doutrina penal, onde nada ou quase nada de educativo poderia ser encontrado nas medidas atribuídas a crianças ou adolescentes em conflito com a lei; e a doutrina da situação irregular, com ênfase social às ações do próprio sistema de justiça, chegando à proteção integral, que reconhece a educação como fundamental à construção do ser em desenvolvimento.

Mas, antes de enfocá-las, convém que se observe a experiência pedagógica de Makarenko, a partir da Colônia Gorki, senão uma escola, uma instituição que iniciou tratando de menores delinqüentes, conforme descrito por Jaume Trilla Bernet, catedrático de Teoria e História da Educação da Universidade de Barcelona. Sintetizo sua exposição:

> Lá (Colônia Gorki), ao ser desafiado por um dos jovens, respondeu com vigor, até mesmo com violência física, fazendo com que os educandos passassem a vê-lo como ser humano e respeita-lo como tal. Logicamente que não encontrara na violência um meio poderoso de pedagogia. (*apud* Sebarroja, 2003, p. 104)

Logicamente, o respeito não se conquista com violência. E o exemplo apontado é isolado nas práticas pedagógicas até então relatadas. Mas o processo educativo de Makarenko, nas experiências de suas instituições, passava pela coletividade, pelo aprender a viver junto, pelo trabalho, conciliando a prática do trabalho nas colônias, onde os educandos dedicavam horas ao trabalho produtivo, horas ao trabalho escolar, com disciplina, sendo esta vista como um resultado da educação.

No dever constitucional de garantia à educação, formadora de valores, talvez seja provocador para o sistema de justiça, onde se insere o Ministério Público, o desafio de acolher as medidas previstas ao adolescente em conflito com a lei, que mais tarde veremos, como educativas. Concebo educativas, com reconhecimento do adolescente na peculiar condição de pessoa em desenvolvimento, mas também as concebo sancionadoras, com obrigações de reparação do dano causado.

Não menos importante verificar se as concepções de Paulo Freire, a partir de uma educação transversal, estão presentes nas medidas socioeducativas, pois, se educativas efetivamente forem, deverão permitir que a relação dialógica, afetiva, de respeito, esteja presente entre o adolescente em conflito com a lei e o outro, que tanto pode ser o próprio sistema de justiça , a vítima, hoje com a prática da chamada justiça restaurativa, ou os atores que se encontram na fase da execução das medidas, teoricamente incumbidos da responsabilidade de colaborar para o resgate da cidadania do adolescente infrator.

Esta interação do Ministério Público com a educação, seja na ordem formal do direito escolar, seja na fiscalização de conteúdo educativo nas medidas convencionadas aos adolescentes infratores, derivam da ordem constitucional, em defesa de direitos humanos fundamentais. Derivam, também, de uma atual concepção de criança e adolescente como sujeitos de tais direitos, a partir de uma nova doutrina inserida na lei infraconstitucional, ratificando o que a Constituição Federal de 1988 propôs ao público infantojuvenil: a proteção integral.

A doutrina jurídica da proteção integral, que ouso transformar na doutrina interdisciplinar da proteção integral, vê a criança e o adolescente como sujeito de direitos e em desenvolvimento e, na educação, a reafirmação do direito universal do homem e do cidadão, que tem no marco histórico da Declaração Universal dos Direitos do Homem o começo da formação de uma teoria de direitos fundamentais.

Reconhecendo os avanços, inspirada em uma Constituição Cidadã, no acolhimento da proteção integral do Estatuto da Criança e do Adolescente e da educação como direitos fundamentais e sociais, garantidos a todos, é que emerge no país uma Lei de Diretrizes e Bases da Educação (LDB), em 1996, que reconhece os princípios da universalidade, do tratamento igualitário e da integralidade. Prevê as responsabilidades públicas sobre a formação fundamental, média, de ensino superior, cuidando da educação dos jovens adultos, que não tenham completado os ciclos no período adequado para a idade, bem como contempla a educação especial, onde se inserem os portadores de necessidades especiais.

Significativa é, para a LDB, a finalidade da educação: o pleno desenvolvimento do educando, seu preparo para ser cidadão e para o trabalho. Não menos significativa, todavia, é a co-responsabilidade que apresenta para o ato de educar, onde, como já referi, em seu primeiro artigo acolhe os ensinamentos de Paulo Freire, que objetivava abrir a escola para o mundo. Neste, está a família, estão as instituições de ensino, as igrejas, as associações, está a mídia, a internet. A conectividade, a gestão coletiva do conhecimento social de Freire, parece ter sido totalmente acolhida pela legislação, embora a prática da vida possa estar a demonstrar que a solidariedade educativa não foi bem compreendida.

Verdade que se esforçam algumas instituições de ensino para o acolhimento da gestão coletiva. Mas, não menos verdade, que também há instituições excludentes, tão logo a indisciplina e a violência chegam aos seus interiores. Também a família sofre uma profunda crise de compreensão de seu papel, não só se afastando da escola, como permitindo que a era midiática preencha um significativo e relevante espaço. A família, a escola, as associações, as igrejas, os sindicatos, o grupo social, que para Freire fariam parte da história educativa, nem sempre estão co-relacionados, o que vem a prejudicar, muitas vezes, a finalidade da educação, que parte do pleno desenvolvimento do cidadão.

Sobre tal co-relação, fala Tereza Cristina Rego, mestre pela Faculdade de Educação da Universidade de São Paulo:

> Os traços de cada ser humano (comportamento, funções psíquicas, valores, etc.) estão intimamente vinculados ao aprendizado, à apropriação (por intermédio das pessoas mais experientes, da linguagem e outros mediadores) do legado de seu grupo cultural (sistemas de representação, formas de pensar e agir, etc.). Desse modo, é possível afirmar que um comportamento mais ou menos indisciplinado de um determinado indivíduo dependerá de suas experiências, de sua história educativa, que, por sua vez, sempre terá relações com as características do grupo social e da época histórica em que se insere.
>
> Podemos concluir que, de um lado, relacionar a indisciplina observada na escola a fatores inerentes à natureza de cada aluno ou de sua faixa etária representa, neste paradigma, um grave equívoco. Ninguém nasce rebelde ou disciplinado, já que as características não são inatas, e nem todo adolescente será necessariamente indisciplinado, já que é impossível postular um comportamento padrão e universal para cada estágio da vida humana. Por outro lado, diferentemente das idéias presentes no meio educacional, o comportamento indisciplinado não resulta de fatores isolados (como, por exemplo, exclusivamente da educação familiar, da influência da TV, da falta de autoridade do professor, da violência da sociedade atual, etc.), mas da multiplicidade de influências que recaem sobre a criança e o adolescente ao longo de seu desenvolvimento. É importante frisar que, vistas sob este ângulo, as influências não são unidirecionais, não agem de forma isolada ou independente, nem tampouco são recebidas de modo passivo na medida em que o indivíduo internaliza (de modo ativo e singular) o repertório de seu grupo cultural. Sendo assim, no seu processo de constituição, através das inúmeras interações sociais, receberá informações e influências dos diferentes elementos (entendidos como importantes mediadores) que compõem

> este grupo: de determinadas pessoas (pais, mães, irmãos, primos, avós, vizinhos, colegas de escola, amigos da rua, professores ou outros adultos), das instituições (como, por exemplo, da família e da escola), dos meios de comunicação (especialmente a TV) e dos instrumentos (livros, brinquedos e outros objetos) disponíveis em seu ambiente. (Rego, 1996, p. 96)

A esta falta de compreensão prática do que a teoria pretendia, atribuo um risco ao sucesso, não só escolar, mas da vida, quando as relações sociais e culturais se degradam, em alguma parte conduzindo aos atos em conflito com a lei. Se a LDB ainda contemplou uma visão limitada de educação, restringindo-a às relações de ensino e aprendizagem, ao menos expôs a necessidade da conjugação de esforços para a formação do sujeito de direitos. Se a educação é um direito, e o é, na condição de público subjetivo, a assunção das responsabilidades pelas instituições, entre as que citei, garante que seja de todos, com todos e para todos. A inserção do sistema de justiça nessa compreensão é fundamental para a asseguração deste direito fundamental, transcendendo ao âmbito da educação escolar, compreendendo-a em uma dimensão interdisciplinar. Se assim for, também as medidas reservadas aos adolescentes em conflito com a lei poderão ser educativas.

Afinal, no dizer de Antônio Carlos Gomes da Costa e Isabel Maria Sampaio Oliveira Lima:

> A educação, enquanto serviço, é assunto de especialistas da área de educação, mas, enquanto direito, é assunto de todos os cidadãos para os quais se constrói, no tempo presente, a terra futura. (*apud* Marques, 2000, p. 308)

Fazer-se presente no futuro é responsabilidade do poder público, da sociedade em geral, da família, das escolas. É responsabilidade do sistema de justiça, a partir da legislação que estabelece um sistema de garantias. Mas, se a era do reconhecimento de direitos é recente, convém que se estabeleça uma análise histórica sobre as doutrinas que se relacionaram com a criança e adolescente, para que, chegando à proteção integral, possa ser feita uma relação do direito com a educação, quanto às medidas contempladas como resposta aos atos infracionais praticados pelos adolescentes.

Sobre as doutrinas que percorreram o tempo, até o advento deste recente reconhecimento de direitos, é que passo a discorrer.

2. As doutrinas no tempo e o garantismo interdisciplinar

A aplicação de penalidades ou medidas que garantam a educação de adolescentes em conflito com a lei tem precedência em tema de relevante natureza: a delinqüência juvenil. E aí estará o primeiro obstáculo a transpor. Definir delinqüência juvenil. Seria possível uma apropriação de seu conceito como instituto jurídico, onde as ações contrárias ao ordenamento jurídico explicariam, por si só, sua definição? Ou, por outra, para discutir o tema da delinqüência juvenil há necessidade da análise de uma conceituação interdisciplinar?

Apóio a dúvida proposta no dizer de Jorge Trindade:

> Para o jurista, delinqüente é todo aquele que infringe qualquer das leis sancionadas pelo código. Trata-se da aplicação de uma normativa vinculada a uma conduta considerada contra a lei.
>
> Para o psicólogo, o comportamento delinqüencial obedece a uma série de causas, a uma constelação ou feixe de fatores etiológicos. Uns são predisponentes e outros desencadeantes propriamente da conduta delinqüencial.
>
> Para o educador, o delinqüente é o resultado de uma série de condicionamentos que o sujeito encontrou sem buscar; é um enfermo da conduta com direito a tratamento e sem outros limites que os impostos pela impotência humana.

Já o homem de rua oscila, desde o que crê na solução pela repressão carcerária, até o ingênuo que diz ser questão de oferecer um ambiente de tolerância e cuidados sentimentais. (Trindade, 1996, p. 39)

Proponho, de início, tal discussão, pois pretendo tecer uma abordagem, mais ao final do capítulo, quando da análise da lei atual que sanciona atos em conflito com a lei, sobre o que trata o garantismo, o que, no aspecto jurídico, encontrará melhores compreensões. Mas, como no capítulo anterior busquei em pensadores da educação o pilar interdisciplinar para o tratamento das ações conflituosas propostas pelo sujeito aluno e sujeito infrator, parece adequado analisar o garantismo ao delinqüente juvenil sob outros enfoques, além do jurídico.

Em seu trabalho de mestrado em educação junto à Universidade Federal do Rio Grande do Sul, no afastado ano de 1976, Rovílio Costa já apontava diversos indicadores para o comportamento da delinqüência juvenil, assim abordando:

> A maior parte dos autores, ao estudarem a delinqüência, sob diversos prismas, concordam em que o fenômeno se deva a uma forma específica de desadaptação social, para o que concorrem variáveis múltiplas – familiares, educacionais e sócio-econômicas em geral, sem esquecer as variáveis políticas. Mas, a delinqüência tem também uma relação importante ao desenvolvimento da personalidade, razão porque os Códigos de todos os países têm especial consideração aos delitos de menores. O delinqüente, como adolescente que é, traz consigo a problemática dos demais adolescentes, apenas com a diferença de que sua tentativa de solução foi diferente. (Costa, 1976, p. 16)

Reforçava o autor, com bases em seus estudos, o que ora se assenta como posição interdisciplinar da matéria vinculada à delinqüência juvenil, ou do ato infracional praticado por adolescentes. Assim, na interpretação do autor, delinqüência que se vincula ao comportamento pode não ter relação com atos em conflito com a lei, pois nem todos os atos ditos anti-sociais são típicos, ou seja, infracionais. De qualquer modo, restrinjo a análise à visão jurídica, tecendo considerações sobre algumas abordagens legais, buscando verificar, no cruzamento do jurídico com o educacional, se a conceituação de ambas permite encontrar saídas para uma modificação de comportamento do adolescente em conflito com a lei.

Desde já, então, há necessidade de pontuar que o conceito do garantismo está diretamente relacionado à lei. Tomo como referência os três significados expostos por Luigi Ferrajoli, a partir de um modelo de Estado de Direito e Democracia. Para referido autor (2006, p. 785/789), o primeiro significado de garantismo prende-se à estrita legalidade, visto sob os planos epistemológico, político ou jurídico. Para o primeiro plano, garantismo significará a intervenção de um poder mínimo. Já, no plano político, visto como uma contenção de violência, enquanto que, no plano jurídico, o estabelecimento dos vínculos punitivos com a preservação das garantias de direitos dos cidadãos.

O significado seguinte, o segundo, põe frente a frente o ser e o dever ser, ou os modelos normativos e a operacionalização, buscando a conjugação da norma com a realidade. Tal significado, sem abandonar a validade das leis, a relativiza, exigindo uma crítica permanente entre ela e a efetividade, entre o teórico e o prático. O terceiro significado exige do Estado-norma a justificação da legitimação de suas intervenções, sob o ponto de vista externo, bem identificando a finalidade das garantias, assumindo as diferenças conceituais entre validade e justiça.

Por tais prismas de garantismo, no enfoque jurídico-penal que a matéria ora versa, é que proponho, logo a seguir, a verificação das doutrinas que percorreram o tempo.

Ao delinquente juvenil, se possível assim entender o adolescente em conflito com a lei, caberá a garantia de um direito penal juvenil, instrumentalizado por meio de um processo legal próprio. A concepção de garantismo, a partir disto, estaria contrapondo-se ao sistema de tratamento tutelar, resquício de outra época legal para resposta sancionadora aos adolescentes em conflito com a lei. Época que permitiu aos aplicadores da lei profunda subjetividade, na justificativa de que assim estaria resguardado o maior interesse do menor.

Assim, para que se possa abordar a existência de um direito penal juvenil, a partir de sua concepção garantista, em contraponto à concepção tutelar antes existente, procuro nas origens legais a evolução do tratamento dispensado ao menor infrator, ou adolescente em conflito com a lei.

Para que se compreenda a evolução legislativa e as fases de atendimento das questões infracionais da infância, do menor, ou do adolescente, desde já refiro a abordagem que será feita sobre as doutrinas jurídicas que, ao longo do tempo, regeram a intervenção estatal, preso, inicialmente, à concepção penal, passando pela visão tutelar do direito, até chegar à proteção integral, onde o Estado, em divisão de responsabilidades com outros segmentos adiante identificados, por suas políticas públicas, conferiu ao público infanto-juvenil a prioridade absoluta. Trato, assim, na seqüência, da doutrina do direito penal do menor, passando pela doutrina da situação irregular, até atingir a doutrina da proteção integral, que hoje vige.

2.1. A concepção penal

A retroação vai às Ordenações Filipinas, legislação com vigência em Portugal a partir de 1603, comandando o instituto penal brasileiro até 1830, quando do advento do Código Penal do Império. Aquelas, em seu Título CXXXV, do Livro Quinto, já apontava para a responsabilização do homem ou da mulher delinqüente, com menos de 17 anos de idade, isentando-os da morte, mas conferindo ao julgador, conforme seu arbítrio, a fixação de outra pena menor.

A imputabilidade penal, termo jurídico que representa o período inicial de reconhecimento da responsabilidade penal, tinha início aos sete anos, isentando-se o menor da pena de morte e concedendo-lhe redução da pena. Seguia, desta forma, a idade da razão, assim reconhecida pelo Direito Canônico. Entre dezessete e vinte e um anos caracterizava-se como existente o "jovem adulto", esse sim com possibilidades de ver sua vida ceifada, com a imposição da pena de morte, ou, conforme as circunstâncias que envolviam o delito cometido, ter sua pena diminuída. A imputabilidade penal plena ficava para os maiores de vinte e um anos, a quem se cominava a pena de morte, atendendo a gravidade do delito.

Após a proclamação da independência do Brasil, no ano de 1830, surge o Código Criminal do Império, que considera plenamente imputável (imputabilidade, para o direito penal atual, é um dos requisitos para aplicação da pena) os maiores de 14 anos, considerando aos que estiverem entre os 7 e os 14 anos de idade a possibilidade, conforme o discernimento, do recolhimento às casas de correção, pelo tempo que entendesse o Juiz conveniente, desde que não ultrapassasse os 17 anos de idade. Eram esses, conforme um critério biopsicológico, considerados relativamente imputáveis. Procedimento que, no entender de Irene Rizzini, surpreendia, "pois não estava ainda em voga a discussão sobre a prevalência da educação sobre a punição, o que ocorrerá somente no final do século XIX". A mesma autora afirma: "Vê-se que a questão penal referente aos menores não tinha maior expressão na época".

Seguindo a codificação do direito penal, onde inserida a discussão sobre a responsabilização dos menores, é promulgado, em 1890, o Decreto nº 847, conhecido como o Código Penal dos Estados Unidos do Brasil. De tal texto se extrai a absoluta inimputabilidade dos menores de 9 anos de idade, sendo da mesma forma inimputáveis os que estiverem dessa idade até os 14 anos, desde que não tivessem agido com discernimento. Se agissem com tal discernimento, seriam recolhidos a estabelecimentos disciplinares industriais, pelo tempo que o Juiz entendesse conveniente, não excedendo os 17 anos de idade.

O avanço cronológico da legislação aponta para a criação do primeiro Tribunal de Menores, no Brasil acontecendo no ano de 1923, precedendo ao período assistencialista que estava por vir. Mas, no que diz com o aspecto da denominada delinqüência, no âmbito juvenil, a Lei n° 4.242, de 5 de janeiro de 1921, já afastava a análise biopsicológica, que vinha do Código Republicano, adotando o critério etário, estabelecendo a imputabilidade aos 14 anos de idade.

2.2. A visão tutelar

O Brasil vivenciou, mais tarde, período essencialmente assistencialista quanto à intervenção do Poder Judiciário, com a criação do primeiro Juizado de Menores, ocorrido em 1924, tendo como titular o Juiz de Menores José Cândido Albuquerque Mello Mattos. Antes disto, porém, o Decreto n° 16.272, de 20 de dezembro de 1923, já criava normas de assistência social, para proteção dos menores abandonados e delinqüentes. Segundo Irene Rizzini, dizia Mello Mattos:

> A obra do juiz é toda feita de proteção, vigilância, preservação, prevenção ou regeneração. A autoridade de que é investida apresenta um caráter tutelar, e sua ação é sobretudo preventiva. (Rizzini, 1995, p. 63)

Instituído o primeiro Código de Menores, conhecido "Código Mello Mattos", em 1927, por meio do Decreto n° 17.943-A, iniciou-se o que Saul de Gusmão, sucessor de Mello Mattos, denominou de ciclo da "Ação Social do Juízo de Menores". O referido código submetia o maior de 14 anos e menor de 18 anos, abandonado ou delinqüente, ao seu regime.

Convém salientar, na análise desta evolução histórica que dispõe sobre o tratamento a ser dispensado aos menores, que o Código de 1927 estabeleceu posição de vanguarda no que dispunha como ato do "menor delinqüente", proibindo sua submissão a processo penal, modificando a concepção anterior, reflexo do Código Penal de 1890, que admitia a responsabilização dos menores de 9 a 14 anos de idade, que agissem com discernimento, impondo o recolhimento a estabelecimento disciplinar, conforme o período que o Juiz (não o de menores, eis que ainda não existia) entendesse cabível.

Aliás, a doutrina inserta nos Códigos Penais de 1830 e 1890 concentrou a discussão sobre os atos dos menores, contrários à lei, no discernimento (capacidade de entendimento da conduta), para o fim de responsabilizá-los. O "Código Mello Mattos", na inserção dos artigos 68 e 69, assim disciplinava:

> Art. 68. O menor de 14 anos, indigitado autor ou cúmplice de fato qualificado crime ou contravenção, não será submetido a processo penal de espécie alguma; [...]
>
> Art. 69. O menor indigitado autor ou cúmplice de fato qualificado crime ou contravenção, que contar mais de 14 anos e menos de 18, será submetido a processo especial.

Ainda na vigência do citado diploma, o Código Penal de 1940 (Decreto-Lei nº 2.848) estabeleceu a inimputabilidade aos menores de 18 anos. Atribuía a análise dos atos que se referiam aos abandonados e delinqüentes à legislação especial, com pedagogia corretiva, reafirmando-se o caráter tutelar.

Seguiu-se, em lei especial, a criação do SAM (Serviço de Assistência a Menores) na "Era Vargas", no ano de 1942, em pleno Estado Novo. Então se apresentava a diferenciação legal do menor e da infância. A criança pobre e o menor, termo reservado ao autor de ato contra a lei, passaram a ter tratamentos diferenciados. Para desencadeamento do atendimento dos menores "delinqüentes", várias instituições (internatos, patronatos agrícolas) foram criadas, desde o início com evidente conotação de presídio de menores. Caracterizavam-se pelos castigos físicos, maus-tratos, para correção dos rebeldes ou suspeitos. Nas casas de meninas, as denúncias de abusos sexuais cresciam. O SAM, órgão centralizador das ações, perdeu o controle das instituições que dele nasceram. Assim, em 1964, após duas décadas de sua existência, o SAM dá lugar à Fundação Nacional do Bem-Estar do Menor (FUNABEM), ponto de partida para instituição das Fundações Estaduais (FEBEMs), instalando-se no país a política nacional do bem-estar do menor, sob a influência da doutrina de Segurança Nacional, promulgada pela ditadura militar.

Daí se estabeleceu a necessidade da revisão do Código de Menores, o que passou a acontecer a partir de 1943, ultrapassando toda a era ditatorial no país, até chegar ao novo Código de Menores, em 1979. Apresentada a doutrina penal, passo à verificação de uma nova doutrina, de caráter tutelar, implementada a partir do Código de Menores citado, embora ações tutelares, como as que protegiam menores abandonados pelas famílias, vítimas de maus tratos, já se verificassem no curso da doutrina anterior, como antes se viu, tendo como exemplo a criação de algumas instituições.

Na transição da doutrina penal para o caráter tutelar da intervenção estatal, onde apontei a criação de instituições e de uma política nacional, a criminalização da pobreza passou a exigir o implemento de legislação própria para tratar dos atos ou das situações dos menores. Instituiu-se uma nova doutrina no país, que se consagrou como a Doutrina do Menor em Situação Irregular. Foi através do Código de Menores de 1979 (Lei nº 6.697/79) que o caráter tutelar da lei passa a tratar os menores como objetos da norma jurídica, muito embora no âmbito internacional as normativas já apontassem para uma doutrina jurídica de proteção, citando-se, de forma exemplificativa, a Declaração Universal sobre os Direitos da Criança. Sobre a doutrina da situação irregular, inserida no Código de 1979, disse Wilson Donizeti Liberati:

> O Código revogado não passava de um Código Penal do Menor, disfarçado em sistema tutelar; suas medidas não passavam de verdadeiras sanções, ou seja, penas, disfarçadas em medidas de proteção. (Liberatti, 1991, p. 2)

Conforme Ana Paula Mota Costa:

> Enquanto situação irregular, o Código de menores definia todos aqueles em que fosse constatada manifesta incapacidade dos pais para mantê-los, não se diferenciando entre infratores, abandonados ou órfãos. Assim definidos, eram objeto de intervenção do estado sem limites e de forma discricionária. Portanto, a categorização que justificava a atuação punitiva/protetiva do estado, agora, assim descrita na lei, era a figura da situação irregular. (Costa, 2005, p. 56)

Assim, foi no aludido código que se inseriu uma das formas de situação irregular, citada por Paulo Lúcio Nogueira: a do menor autor de infração penal, ou, de forma mais fiel ao texto, o menor delinqüente. A idade para a imputabilidade permaneceu sendo a de 18 anos, mas os menores que estivessem entre 14 e 18 anos, e praticassem qualquer infração, eram submetidos a procedimento para apuração de seu ato, sendo passível de aplicação de uma das medidas previstas no Código de Menores, a critério do Juiz.

O menor de 14 anos, por sua vez, não respondia a procedimento, mas também poderia receber medida, pois considerado em situação irregular. A resposta à infração, em uma abordagem comparativa, já não mais referendava como essencial a verificação pura do discernimento, mas agregava, na indeterminação das penas, a subjetividade judicial, fossem os menores delinqüentes ou abandonados, mantendo-se, como solução repressiva/de proteção, a institucionalização.

A criminalização da pobreza e a judicialização das questões sociais foram características marcantes de tal período, amparadas pelo Código de Menores. O "sistema Febem" foi significativo para amparar decisões judiciais que determinavam internações, mesmo aos que não eram autores de qualquer infração. As garantias processuais eram nulas. Crianças e adolescentes eram objetos do direito, da norma jurídica, nas mãos de uma única pessoa a traçar seus destinos: o Juiz de Menores.

Era utilizada a internação no sistema Febem (privação da liberdade) para situações irregulares, nas seguintes categorias admitidas pelo Código de Menores:

- menores privados de condições de subsistência;
- menores vítimas de maus-tratos familiares;
- menores em perigo moral;
- menores privados de representação ou assistência;
- menores com desvio de conduta, por inadaptação familiar ou comunitária;
- menor autor de infração penal.

A confusão que se estabeleceu entre o menor abandonado e o autor de fato definido como crime na lei penal dá ensejo à chamada delinquência juvenil, que, no início deste capítulo, buscou-se definir.

A imputabilidade penal permaneceu aos 18 anos de idade, reafirmando-se na reforma da Parte Geral do Código Penal, em 1984, segundo a própria Exposição de Motivos do referido diploma legal, por um critério de política criminal. Não foram, ao longo do tempo, como se viu, poucas as modificações nas interpretações sobre a idade mais adequada para a fixação da responsabilidade penal. Hoje também não são, a cada clamor da sociedade pela diminuição da violência, mesmo que isso custe empurrar adolescentes ao sistema penal do adulto. E, como se vê da mesma Exposição de Motivos de 1984, a discussão não é nova:

Os que preconizam a redução do limite, sob a justificativa da criminalidade crescente, que a cada dia recruta maior número de menores, não consideram a circunstância de que o menor, ser ainda incompleto, é naturalmente anti-social na medida em que não é socializado e instruído. O reajustamento do processo de formação do caráter deve ser cometido à educação, não à pena criminal. De resto, com a legislação de menores recentemente editada, dispõe o Estado dos instrumentos necessários ao afastamento do jovem delinqüente, menor de 18 anos, do convívio social, sem sua necessária submissão ao tratamento delinqüente adulto, expondo-o à contaminação carcerária.

2.3. A proteção integral

A caminhada histórica rumo à doutrina de proteção integral avança no cenário internacional, já em um sistema de garantias que se afasta do informalismo até então existente, do que decorria a subjetividade do Juiz para aplicação das penas. Não obstante, em 1959, já fossem reconhecidos direitos ao público infanto-juvenil, pode-se apontar a Convenção sobre os Direitos da Criança, aprovada em 1989, documento internacional com regras imperativas aos países signatários, entre eles o Brasil, como a consolidação da Doutrina da Proteção Integral à Criança.

Apontam-se, então, alguns documentos internacionais, onde o tratamento já se insere nesta doutrina, tais como as Regras Mínimas das Nações Unidas para Administração da Justiça de Menores (Regras de Beijing – 1985), Regras das Nações Unidas para a Proteção dos Jovens Privados de Liberdade – 1990, Diretrizes das Nações Unidas para Prevenção da Delinqüência Juvenil (Diretrizes de Riad – 1990).

Tais regramentos sepultaram a concepção tutelar, reconhecendo a criança e o adolescente na condição peculiar de pessoa em desenvolvimento.

O Brasil ratificou a Convenção em setembro de 1990, período pós-Constituição cidadã. Esse regramento internacional referendou o garantismo jurídico, em confirmação das regras constitucionais de 1988. Surgiu, então, o Estatuto da Criança e do Adolescente, ratificando a política que se desenhava: a da proteção integral.

O sistema de garantias reconhecido ao cidadão passou a ser estendido ao público infanto-juvenil, tanto à criança e ao adolescente em situação de risco, como em conflito com a lei, que, antes, pela doutrina até então vigente, se uniam em um conceito de situação irregular.

Com ela, surge o princípio da legalidade para verificação dos atos dos não mais menores, mas adolescentes. A doutrina da proteção integral reconheceu crianças (até 12 anos incompletos) e adolescentes (dos 12 aos 18 anos) como cidadãos sujeitos de direitos. Dissociou a questão social da infração penal, cancelando, definitivamente, a possibilidade da invocação da doutrina penal do menor ou da doutrina da situação irregular. Dentro do sistema de garantias, reconheceu a necessidade da intervenção judicial para responsabilização do adolescente infrator (já que entregou a prática infracional da criança a atendimento do Conselho Tutelar, para aplicação de medidas de proteção), não mais no viés subjetivo, mas com garantias processuais, que lhe assegurem, se for o caso, a justa aplicação de medidas socioeducativas.

O sistema de garantias ao adolescente em conflito com a lei, partindo da legalidade como princípio da análise da conduta infracional, reconheceu como direito a existência do devido processo legal, da ampla defesa e do contraditório, da privação da liberdade (internação) como medida breve e excepcional, da aplicação de medidas socioeducativas, sobre as quais faço considerações em capítulo específico, entre outros. Todos os direitos estão em consonância com o garantismo jurídico.

Estabeleceu o Estatuto da Criança e do Adolescente três sistemas de garantias. O sistema primário, que diz com as políticas públicas, de atendimento à criança e ao adolescente; o sistema secundário, que se relaciona à proteção; e o sistema terciário, onde se encontram as medidas socioeducativas, decorrentes da prática do ato infracional. Ato infracional que nada mais é do que a adequação do comportamento do adolescente ao fato definido na lei penal como crime. E, desta prática, decorre longa discussão sobre a idade da responsabilidade penal, pois, como antes dito, no clamor da violência, há muito é provocada a hipótese do rebaixamento da idade, dando ênfase a maioria das propostas para uma responsabilização aos 16 anos.

O que se estabelece, então, é uma discussão sobre que direito penal a lei propõe ao adolescente em conflito com a lei. Um direito que estabeleça o máximo rigor possível, conforme a gravidade dos fatos, compreendendo que a violência está relacionada com a impunidade? Outro, que vincula a violência à questão social, correndo o risco de adotar a prática da internação em razão da pobreza? Ou, quem sabe, aquele que reconhece a necessidade de internação para adolescentes que cometem atos graves, reservando-se alternativas em meio aberto para os que não representem potencial risco à sociedade quando livres?

Na verdade, não resta dúvida de que a este último se aliou o Estatuto da Criança e do Adolescente, com suporte em todas as outras legislações citadas. Estamos a tratar do direito penal mínimo, que cresce no mundo dos adultos, nas penas alternativas, e que tem sua prova na excepcionalidade da internação reservada ao público infanto-juvenil. Ao reconhecer a aplicação das regras do direito penal ao sistema infracional, estaremos, aparentemente, reconhecendo a existência de um direito penal juvenil, que possui a função retributiva da pena, como sanção que é, em busca da readaptação social do delinqüente (por isto a proposta da análise de uma delinqüência juvenil), objetivando que não volte a cometer atos contrários à lei.

Prefaciando escritos de Emilio Garcia Mendez e Mary Beloff, Luigi Ferraioli, de indispensável referência sobre o garantismo, assim defendeu a aplicação de tal sistema ao direito da infância:

> El terreno privilegiado de este enfoque garantista del derecho da la infância resulta naturalmente el de la respuesta de las infracciones penales cometidas por adolescentes. El paradigma escogido, como la señala Mary Belfo, ha sido el del derecho penal mínimo, que resulta incomparablemente menos gravoso y más respetuoso del adolescente que el viejo sistema 'pedagógico' de las llamadas 'sanciones blandas' impuesta informal, y de hecho, arbitrariamente. Ello por tres razones. Primero, por el recurso al derecho penal como extrema ratio, y en consecuencia por la depenalización total de los delito cometido por los niños, así como por la depenalización de la delincuencia pequeña y bagatelar de los adolescentes, entendida mucho más como problema social antes que criminal para ser enfrentado primordialmente con políticas de asistencia o con medio extrapenales de conciliación de los conflictos, antes que con estériles medidas represivas. Segundo, por el riguroso respeto de todas las garantias penales y procesales – de la taxatividad de los delitos a la comprobación de la ofensa y la culpabilidad, de la carga de la prueba al contradictorio y al derecho de defensa – impuesta al sistema de responsabilidad penal juvenil, aun reconociéndolos (a los adolescentes) como la existencia, en la mayor parte de los casos, das medidas socio-educativas alternativas a la privación de libertad y solo en casos extremos de utilización de este tipo de medida, por otra parte rígidamente limitada en su duración e intensidad.
> Em otras palabras, un derecho penal juvenil dotado de las mismas garantías que el derecho penal de adultos pero menos severo, tanto en la tipificación de los delito cuanto en la cantidad y calidad de las sanciones. Todo ello, sob la base del principio claramente expresado por Mary Belfo, en el sentido de que la intervencoón punitiva en la vida de los jóvenes debe ser limitada lo más posible, pero existir, cuando necesario, con la observancia de todas garantias legales. (apud Saraiva, 2006, p. 93)

Importante, ainda, é referir o que o próprio Emílio Garcia Mendez diz sobre a necessária existência de um garantismo jurídico, regulando as relações que a aplicação de medidas socioeducativas deverão ter com o ato que conflita com a norma jurídica. Segundo o autor:

> O caráter garantista de uma legislação remete a uma dupla caracterização. Por um lado, o respeito rigoroso pelo império da lei, próprio das democracias constitucionais baseadas numa perspectiva dos direitos humanos, hoje normativamente estabelecidos, e, por outro, a existência de mecanismos e instituições idôneas e eficazes para a realização efetiva dos direitos consagrados. Desse ponto de vista, não existem dúvidas de que a face oposta do garantismo é o subjetivismo e a discricionariedade. (Mendez, 2000)

A existência de uma legislação garante ao adolescente, autor de atos que afrontam a lei, a certeza de um equilíbrio de relações processuais, quando a resposta estatal, de caráter punitivo, será dada na conformidade com os limites da lei, afastando-se critérios subjetivos e discricionários, que encontraram espaço em doutrinas passadas. Afasta-se, assim, a possibilidade da aplicação da regra do mais forte, utilizada, no dizer de Ferrajoli, quando não há regras definidas.

A partir deste enfoque de intervenção punitiva limitada do sistema de garantias, convém que se estabeleça uma distinção entre garantias penais, ou infracionais, e processuais. Entre aquelas, em retribuição ao ato infracional praticado, estará a aplicação da pena, que, para o direito penal juvenil, corresponderão às medidas socioeducativas previstas no Estatuto da Criança e do Adolescente, assim como a discussão sobre a incidência prescricional. Mas, há que se considerar as garantias processuais, como o direito de defesa, o direito de ser ouvido pelas autoridades, enfim, a garantia do direito ao devido processo legal.

Vencida a história doutrinária do tratamento exclusivamente penal ou de argumento assistencial, a doutrina da proteção integral permite refletir o que vem a ser garantismo e o que se confunde ou não com resquícios do arbitrário, do subjetivismo, heranças da doutrina da situação irregular. Ou, por outra, em que o garantismo do direito penal contribui para o que Alexandre Morais da Rosa, analisando escritos de João Batista Costa Saraiva, Ana Paula Motta Costa e Afonso Armando Konzen, chamou de garantismo infracional, decorrente do direito infracional. Aquele autor diverge frontalmente da concepção de um direito penal juvenil, intitulando-o de ilusório.

Sobre a ilusão de sua existência diz o autor:

> Não se precisa aproximar tanto o Direito Penal do Direito Infracional para que ele se torne garantista. Um Processo Infracional pode se construir de maneira autônoma porque significa o manejo do poder estatal, com repercussões nos Direitos Fundamentais do adolescente, mas nem por isso é Direito Penal. (Rosa, 2005, p. 24)

Ainda, negando o direito penal juvenil, refere:

> A autonomia do Direito Infracional, pelo que se mostrou, demanda a construção de um sistema próprio, sem as sedutoras e fáceis aproximações, adequada ainda à realidade brasileira. Um sistema que seja garantista e afaste a pretensão de normatização dos adolescentes não se confunde, de vez, com o Direito Penal Juvenil.
>
> Rejeita-se, assim neste escrito e de plano, a aproximação pretendida pelo Direito Penal Juvenil. É verdade que se argumentará, equivocadamente, que ao se propor o garantismo infracional se está caminhando na mesma direção. Sem razão. Enquanto se mantiver a perspectiva pedagógica – reforma subjetiva do sujeito adolescente – das medidas socioeducativas, nada muda. Para tanto, parafraseando Ferrajoli, a medida socioeducativa não pode pretender reeducar, nem deseducar, corrigir ou corromper, melhorar nem piorar o adolescente. Deve respeitar sua autonomia e somente impor restrições pessoais, atendido o devido processo legal. O que se pretende construir, de fato, é uma atuação na área da Infância e Juventude, especialmente no ato infracional, que respeite o adolescente em sua singularidade e não se arvore, em nome da nazista pretensão pedagógica, na imposição de um modelo de conduta social, de normatização, sendo que as garantias processuais não decorrem do Direito Penal, mas da normativa aplicável aos atos infracionais, da Democracia Republicana. A falácia da Responsabilidade Penal Juvenil decorre, desde a base, da alienação (ou foraclusão) de seus defensores sobre o real funcionamento do Sistema Penal. Pode-se, assim, utilizar o modelo garantista como referencial, desde que ciente de suas limitações e principalmente que para o garantismo sério, a respos-

ta estatal, no caso representada pela medida socioeducativa, não pode melhorar, nem piorar o adolescente. (Rosa, 2005, p. 24)

A longa citação que fiz do autor está justificada no contraponto que apresenta à existência do Direito Penal Juvenil, defendida por diversos doutrinadores, nos quais sobre alguns já fiz referência, propondo a perspectiva do direito infracional mínimo, bem como pela negação de perspectiva pedagógica das medidas socioeducativas, matéria que estarei analisando no próximo capítulo deste trabalho.

Não é possível, igualmente, deixar de fazer referência ao entendimento de Mário Luiz Ramidoff, que qualifica a doutrina do direito penal juvenil como um "plano b" à resistência da redução da maioridade penal, embora tenha tentado de tal discussão se afastar quando da elaboração de diretrizes socioeducativas. Para o citado autor, a doutrina da proteção integral é bastante para o reconhecimento das garantias ao adolescente, fundamentadas nos direitos humanos e não decorrente da legalidade jurídico-penal. Sobre isto, diz:

> O equívoco do sistema retributivo, punitivo, sancionatório, ainda que articulado com algumas garantias, próprias de direito penal, ao que se vem denominando de Direito Penal Juvenil – isto sim, um tremendo eufemismo – nada mais é do que acreditar que se possa conceber uma verticalização – engessamento mesmo – de um padrão de dignidade humana. Não fosse só, o pecado epistemológico do dito Direito Penal Juvenil é acreditar que as garantias e os instrumentos legais assecuratórios do pleno exercício da cidadania se encontram fundados no desenvolvimento da dogmática jurídico-penal, quando, na verdade, são conquistas históricas dos Direitos Humanos. (Ramidoff, 2006, p. 63)

Seja por qual doutrina jurídica transite o operador do direito, importante será observar se a discussão teórica, bem expressada pelos citados autores, contemplará o reconhecimento de práticas educativas a partir da necessidade de intervenção do sistema de justiça em atos do adolescente em conflito com a lei. Para Saraiva, a medida socioeducativa será retributiva, penalizante, com finalidade educativa.

Para Alexandre, pensar em medida socioeducativa como pedagógica é nada transformar, pois a subjetividade do adolescente não modifica pela aplicação da medida. Para Ramidoff, aplicar a medida significa mais do que simplesmente punir, sendo pedagógica a criação de condições para que o adolescente desenvolva seu amadurecimento cognitivo, para que possa julgar sozinho o que é certo e o que é errado.

Reconhecendo a excelência de todas as reflexões sobre a educação inserta nas medidas, feitas pelos três operadores do direito, deixam de abordar a interdisciplinaridade, onde se encontra a discussão sobre a convivência social, ou seja, verificam a existência de uma medida que atenda a individualização sem contemplar um dos pilares da educação do futuro que é o aprender a viver em comunidade. Com isto, o risco é que a medida não seja social, muito menos educativa. Todavia, reconheço que o aprender a viver junto não depende de uma teoria jurídica isolada, mas da interação com as relações sociais, psicológicas, no que Freire, como citei, tratou de processo punitivo, rigoroso, mas de contemplação afetiva, imaginativa e dialógica. A compreensão de Ramidoff, entre os autores citados, o que mais esclarece o que seria a pedagogia das medidas, não avança além de considerá-las como decorrentes dos direitos humanos, deixando de esclarecer como podem elas dar ao adolescente a oportunidade de julgar e distinguir o certo e o errado, contribuindo com seu amadurecimento. Como é possível imaginar que o adolescente sozinho, por meio de uma sanção, possa fazer tal distinção? Distinguir o certo do errado pode ser obra do sistema secundário de garantias: o da proteção. Eventual tratamento psicológico encaminhado poderá, em tese, atender a tal finalidade.

É bem verdade que separar o joio do trigo também para o adolescente é um exercício educativo. Mas, a medida só será socioeducativa se levar o adolescente a compreender o seu lugar na totalidade, a partir de um novo paradigma que a educação propõe. Reproduzo o que em capítulo anterior expus: "O surgimento de novos paradigmas, centrados na totalidade, reconhecem no cidadão, na sua formação, o direito a um projeto de vida, a uma criatividade que lhe permita o desenvolvimento pleno". Daí a se falar em socioeducação. Não sendo assim, somente restará uma proposta legislativa que altere a denominação dada à medida imposta ao adolescente em conflito com a lei, pois o texto legal arvorou-se em concentrar o social e o educativo em uma medida jurídica que pode não permitir nem a (res)socialização e nem mesmo a educação.

Se partirmos de uma abordagem ampla de educação, iniciando pelo conhecer, chegando à formação dos valores, então poderemos visualizar pedagogia nas medidas a serem aplicadas aos adolescentes em conflito com a lei. A educação do ser humano estende-se pela vida, sustentada nos seguintes pilares: aprender a conhecer, aprender a fazer, aprender a viver juntos, aprender a ser. Se as medidas educativas não estiverem relacionadas a tais aprendizados, são meramente legais e, então sim, retributivas. Embora a induvidosa importância dos dois primeiros pilares para a formação da cidadania, aos dois últimos devem estar engajadas as medidas socioeducativas: aprender à convivência comunitária, desenvolvendo a compreensão do outro e a percepção das interdependências, em projetos comuns, preparando-se para gerir conflitos, com respeito ao pluralismo, em busca da compreensão mútua e da paz; aprender a ser, desenvolvendo a personalidade, em busca de uma maior capacidade de autonomia, de discernimento e de responsabilidade pessoal. Ao ter a meta de contribuir com a edificação de tais pilares no adolescente em conflito com a lei, a medida que se diz retributiva terá, então, cumprido sua finalidade pedagógica.

Não se trata de forjar um adolescente melhor, como se a medida fosse capaz, somente por sua natureza retributiva, de mudar o comportamento do adolescente que se opôs às normas legais. Mas, se a retribuição pelo ato infracional permitir ao adolescente, reconhecendo sua autonomia, que aprenda a ser cidadão sujeito de direitos e de obrigações, conforme a lei dita, terá dado importante passo para aceitação de sua finalidade educativa.

Com isso, não haverá espaço para discussão entre a doutrina menorista e a da proteção integral, como se imaginariamente aquela pudesse ser retomada pelo simples fato de hoje existir entendimento que defende a existência de conteúdo pedagógico nas medidas socioeducativas. Haverá a proteção integral se o operador do direito reconhecer que a medida que está ajustando ou impondo tem vinculação com os pilares educativos referidos, pois, se assim não compreender, nem finalidade, nem conteúdo pedagógico existirá. E o reconhecimento de que a ação socioeducativa também deva buscar o resgate de cidadania, afora a existência de conteúdo aflitivo da medida, não interfere no reconhecimento das garantias penais ou processuais do adolescente infrator.

Não estou a apregoar que os pilares da educação sejam suficientes para o resgate da cidadania. Cidadania também se constrói a partir do social. Obviamente, a construção de um sistema de reciprocidade, onde os indivíduos da sociedade se relacionam, pode conduzir ao reconhecimento das diferenças, já abordadas no capítulo anterior, para o equilíbrio da relação educacional. Mas, também são as diferenças fontes de tensão e conflito. Conforme Gilberto Velho:

> Assim, longe de a vida social constituir-se em um processo homogêneo em que a sociedade como unidade circunscreve e produz os atores linearmente, explicito uma visão em que a negociação da realidade, a partir das diferenças, é conseqüência do sistema de interações sociais sempre heterogêneo e com potencial de conflito. (Velho, 1996, p. 11)

Portanto, a partir das relações sociais que se estabelecem com desigualdades, também haverá de compreender o operador do direito que a medida a ser determinada ao adolescente em conflito com a lei deverá reconhecer as diferenças, não padronizando a espécie de medida a ser aplicada, mas também não a tornando uma mera resposta estatal repressiva, como imposição de poder, também, por vezes, gerador de violência.

Para que seja social e educativa a medida, deve estar atento o sistema de justiça para o aspecto em que a conduta do adolescente venha a ter vinculações com sua identidade como indivíduo, que passa, no dizer de Angelina Peralva (2001, p. 123), pela complementaridade em três elementos: a referência a um grupo, apoiador da experiência individual; o engajamento em qualquer modalidade de risco; a afirmação da autonomia, com atos de oposição a representações sociais ou culturais que a neguem. Tal identidade, que se forma nos estágios de desenvolvimento do ser humano, encontra na adolescência, conforme a teoria psicogenética de Henri Wallon, uma ambivalência de sentimentos e o questionamento dos valores. Bem verdade que tais indicadores, na apresentação do citado psicólogo e educador, mais se vinculam à educação formal, na correspondência afetividade-aprendizagem, mas que podem sofrer a apropriação pela ciência jurídica, também como forma de compreender que o 5º estágio do desenvolvimento afetivo é de busca de uma identidade autônoma, mediante atividades de confronto, auto-afirmação, questionamentos, contrapondo-se aos valores dos adultos com quem convive.

Mais do que indicador de uma das causas dos atos em conflito com a lei, associadas às questões de natureza social e cultural, a fase de enfrentamento ao poder deve ser compreendida pelo operador do direito, para que a advertência e a prestação de serviços à comunidade, por exemplo, possam ser medidas socioeducativas com foco no desenvolvimento da capacidade humana para a interação social e sua construção individual. Sem esta forma de refletir, estará o Estado aplicando a pena, sem compromisso com qualquer finalidade pedagógica.

Enfim, não obstante o chamado garantismo jurídico, o que reafirmo mesmo que de passagem, é a necessidade da visão interdisciplinar, porque não pode o operador do direito, juiz ou promotor, esquecer de circunstâncias sociais e educativas na resposta estatal ao ato em conflito com a lei. Não pode determinar que o adolescente preste serviços a uma comunidade excludente, nem mesmo que perfaça horas de trabalho em uma escola que não o quer acolher. Nem na visão social, nem educativa, haverá sustentação para tal resposta ao ato conflitivo, restando entendê-la como pena. Não provoco, em absoluto, o abolicionismo, pois ao ato em conflito com a lei emerge uma sanção. Mas que tal sanção seja responsável, na visão interdisciplinar, para que possa ser socioeducativa. Inclusive na fase de sua execução, sobre a qual farei adiante algumas referências.

Retornando, então, à análise jurídica feita por Saraiva, Alexandre e Ramidoff, o ponto comum entre eles é o reconhecimento da existência de garantias mínimas ao adolescente em conflito com a lei, estejam elas sedimentadas no campo jurídico, de ordem penal, na qualidade específica que decorre de um direito infracional, ou pela pura decorrência dos direitos humanos acatados na seara internacional, acolhidos no Estatuto da Criança e do Adolescente que reconheceu a proteção integral.

Mas, ainda aqui exigível avaliar algumas garantias próprias do direito, seja ele penal ou infracional, da ordem material e processual. Começo pelo próprio ato infracional, definido pelo Estatuto como a prática que se opõe à lei penal, equiparado que é ao crime, ou seja, ao que se chama, na esfera penal, de tipo penal. Pois então, o roubo poderá ser o crime do imputável e o ato infracional do adolescente. Ao primeiro, a definição quantitativa de pena, nos limites mínimo e máximo conhecidos, cominados no artigo 157 do Código Penal. Ao adolescente, a previsão de uma possibilidade de aplicação de medida socioeducativa de internação, resguardada a casos de natureza grave, conforme o devido processo legal indicar. Como se vê, a garantia do devido processo legal (o que na frente se abordará) estará reconhecida. Mas, questionaria: a ausência de limitações como resposta estatal ao ato praticado não estaria conferindo ao julgador a discricionaridade para a imposição da medida socioeducativa? Se for verdade, como é, que outra garantia do adolescente, dentro do devido processo legal por fato de natureza grave, é a indispensável avaliação interdisciplinar, não seria totalitária a decisão que nela se basear, fruto de um subjetivismo técnico que decorre do direito infracional?

Veja-se que a similitude de atos infracionais pode ser tratada de forma absolutamente diversa. Não se desconhece que assim também poderá existir para o maior, quando o julgador for diferente para cada caso. Mas, lá, a lei apresentará os limites, permitindo o discricionário, conforme as circunstâncias judiciais, entre outras. Para o adolescente, seja em sede de remissão Ministerial, seja em decorrência de processo infracional, os limites estão na discricionariedade do promotor de justiça ou do juiz, podendo variar a resposta estatal aos atos similares praticados por diferentes adolescentes entre, por exemplo, uma medida em meio aberto e a internação.

Ainda, na ordem material, tem-se que as causas que excluam a ilicitude do ato devem ser reconhecidas, tal como se faz ao adulto. Adolescente que age em legítima defesa, como exemplo, não deve ter medida socioeducativa imposta, frente a uma garantia de ordem penal, ou infracional própria. Não será diferente para as causas excludentes da culpabilidade, que, pelo sistema da subsidiariedade hoje reconhecido, estão expressamente expostas no Código Penal. O ponto a ser analisado será o do reconhecimento da prescrição, ou seja, da perda do direito da ação infracional, ou da aplicação da medida socioeducativa, transcorridos determinados prazos, expressamente também previstos na lei penal. Sobre isso, diz Saraiva:

> A tendência da jurisprudência, enquanto não sobrevém texto no Estatuto da Criança e do Adolescente ou em Lei que o complemente, é no sentido de afirmar a prescrição da pretensão socioeducativa tomando-se como referenciais os prazos prescricionais previstos no Código Penal, devidamente reduzidos à metade por conta da condição de menos de 21 anos do autor da conduta. (Saraiva, 2006, p. 83)

O argumento de justificação da tendência de reconhecimento do instituto da prescrição para atos dos adolescentes: não se pode negar ao adolescente o que se reconheceria ao adulto, sob o mero argumento de que medida socioeducativa não é pena. Portanto, outra regra de direito material dentro do sistema garantista, que, segundo o autor acima citado, encontra ressonância em Turmas do Superior Tribunal de Justiça, sob argumento de que as medidas socioeducativas restringem a liberdade, razão do reconhecimento da causa extintiva da punibilidade. Em face disso, recentemente sumulou o Superior Tribunal de Justiça (súmula 338), reconhecendo como prescritíveis as medidas socioeducativas.

Veja-se que o reconhecimento principal de tal garantia equipara adulto e adolescente. Mas, não se está a tratar da doutrina da proteção integral? E, proteger, neste caso, seria equipará-los? Ou o tratamento dispensado à criança e adolescente como pessoa em peculiar condição de desenvolvimento restringe-se às garantias do sistema primário e secundário, onde são contempladas as políticas públicas e o sistema de proteção? E mais: a prescrição afasta a hipótese da aplicação da medida de proteção que se permite cumular no ato infracional? Mesmo não tendo essa o caráter retributivo?

Questionadas algumas das garantias materiais, urge apontar as de ordem processual, a partir da previsão dos artigos 110 e 111 do Estatuto da Criança e do Adolescente. Porém, para a apresentação de algumas garantias de ordem processual, necessário é estabelecer qual o sistema de processo que estamos referindo, eis que acolhe o Estatuto da Criança e do Adolescente dois momentos distintos: o inquisitorial e o acusatório.

Mesmo que em fase pré-processual, acolheu o Código de Processo Penal, subsidiariamente utilizado nos procedimentos da adolescência, a fase investigatória, sob o comando, em regra, da autoridade policial, que se caracteriza pelo seu peculiar aspecto inquisitorial. A produção da prova do ato infracional estará sob o comando do Delegado de Polícia, instrumentalizando o procedimento para que o órgão acusador possa deliberar entre a representação formal ao Juízo, ou a transação, por meio da remissão. Não é diferente da fase judicial, quando a regência da produção probatória estará a cargo do Juiz, que poderá entender, quando da apresentação do adolescente, suficiente e possível a remissão. A concentração nas mãos de uma única pessoa leva aos resquícios do procedimento inquisitorial, mesmo que, através do reconhecimento da igualdade das partes e do contraditório, também se reconheça o sistema acusatório.

No sistema acusatório, a ampla defesa constitui-se em uma das garantias primordiais, seja pessoal ou técnica. Princípio erigido a direito constitucional, que não pode deixar de valer para o adolescente, muito embora, no que diz com a presença do advogado na fase pré-processual de apresentação ao Ministério Público, ainda se discuta a exigibilidade da defesa técnica, assim como também acontece na fase policial. Nesta, todavia, seguindo-se o princípio inquisitório, não exclusivamente reconhecido no processo penal, a escuta do adolescente serviria já como meio de defesa. Todavia, mais preocupante será a relação com o Ministério Público, na medida em que a legislação autoriza o ajustamento de medidas socioeducativas que venham cumuladas com a remissão.

Aliás, como referi, poderá o Juiz, quando da apresentação do adolescente autor de ato infracional, optar pela remissão como forma de exclusão do processo. Não estaria também, neste caso, a remissão retirando do adolescente a garantia do devido processo legal, que deve findar com a análise de mérito do fato, reconhecendo ou não o ato ilegal? Afinal, se a equiparação e a subsidiariedade permite a aplicação do Código Penal, a remissão será, em tese, causa extintiva da punibilidade. Mas, entre as previstas no artigo 107 do Código Penal, não se associe à remissão ao perdão judicial, já que esse trata, em raros sete casos expressamente previstos na lei penal, da não-aplicação da pena. Nem mesmo ao perdão do ofendido, eis que com similar na ação penal privada, que não se admite no processo penal juvenil. Verdade que a proposta restaurativa, que vem tendo corpo na ação de Leoberto Brancher, expoente da magistratura gaúcha, assim como em outras experiências no país, senão contempla literalmente o perdão do ofendido, aproxima as partes de uma solução negociada, encaminhando-as a um processo educativo.

Assim, vejo que o instituto da remissão, derivado das Regras de Beijing, vem carregado de uma discricionariedade, mesmo que aparentemente possa vir a beneficiar o adolescente. Neste ponto proponho uma discussão, que ao final da análise das garantias abordarei, que diz com a duvidosa celeridade dos procedimentos judiciais da infância e juventude, o que percebo, no trato da matéria, como um forte empecilho para que a resposta estatal retributiva tenha eficácia. O instituto da remissão, na fase Ministerial, propõe a celeridade, ou assim deveria ser, diminuindo a demanda judicial, mas sem necessariamente estabelecer o contraditório e a ampla defesa, garantias processuais, ou até pré-processuais, que seriam originárias de um direito constitucional do cidadão adolescente. Sobre a necessidade da celeridade no atendimento do ato delinqüencial, o terapeuta familiar H. Charles Fishman assim referiu:

> Sejam quais forem as técnicas empregadas, é essencial que o terapeuta aja rapidamente, para interromper e contestar a delinqüência. É

comum que os padrões delinqüentes se fixem fortemente com o passar do tempo. (Fishman, 1996, p. 38)

Se a rapidez na intervenção sobre o ato tido como delinqüencial é fundamental no tratamento de adolescentes, mesmo que não correspondam a infrações, por qual razão não haveria de ser para a lei, quando houver necessidade da aplicação da sanção? A seguir, veremos mais.

Também é garantia processual o direito de ser ouvido pessoalmente pela autoridade competente. E, nesta hipótese, incluo o Ministério Público, na medida em que o processo sequer existirá, caso a remissão venha a ser aceita, com homologação judicial posterior, sem atos de produção de provas.

Visto desta maneira, algumas formas de defesa são pré-processuais, assim também sendo as garantias. A inviabilidade de tal reconhecimento talvez esteja na ausência de estrutura de um sistema de defesa técnica, fazendo com que o adolescente, acompanhado de seus responsáveis, na presença de um promotor de justiça, reconheça a prática do ato (pois só se perdoa quem pratica o ato infracional), permitindo que, discricionariamente, conforme os preceitos de independência funcional, seja atribuída uma medida socioeducativa em meio aberto, sem nenhuma abordagem interdisciplinar. Configura-se a imposição imediata da função retributiva, optando o órgão acusador (não há como deixar de assim reconhecer historicamente), conforme suas convicções, pela jornada de trabalho ou por outra de meio aberto que entender, empiricamente suficiente.

A vantagem da celeridade da resposta estatal poderá comprometer garantias reservadas ao adolescente, como a ampla defesa. Vejamos um exemplo: adolescente que pratica ato infracional de furto (subtração de bens), confessando na apresentação ao Ministério Público para, com a venda, adquirir substâncias entorpecentes. O ajuste proposto pelo Ministério Público ao adolescente e a seus pais inclui a remissão, cumulada com uma medida socioeducativa em meio aberto, o que é aceito expressamente, mesmo sem a presença de defensor técnico. Não obstante tal ajuste, ainda se encaminha a medida de proteção que for adequada ao caso, na eventual necessidade de intervenção acerca da dependência química. Para esta hipótese de ajuste socioeducativo, diz João Batista Costa Saraiva:

> A remissão concertada perante o Ministério Público, sujeita à homologação pelo Juiz, tem caráter supressivo do processo de conhecimento. Se nesse concerto for proposta a aplicação de alguma medida socioeducativa, faz-se imprescindível que esteja o adolescente acompanhado de Advogado para assisti-lo, como forma de assegurar o equilíbrio da relação, sob pena de reeditarem-se nessa etapa pré-processual práticas nefastas de inquisitivo do tempo do Código de Menores. Não mais como o Juiz de menores, mas agora com o Promotor.
> Embora esta exigência de defensor na audiência prévia com o Ministério Público não esteja expressamente prevista no Estatuto, decorre de uma interpretação sistêmica das garantias constitucionais asseguradas a todos.
> Não é possível que se pretenda reviver nesta etapa pré-processual, porém decisiva, onde pode vir a ser concertado cumprimento de uma medida socioeducativa, um novo Juizado de Menores, sem possibilidade de defesa do adolescente, posto que, evidentemente, frente ao Ministério Público estão os pais ou responsáveis do adolescente em flagrante desvantagem. (Saraiva, 2006, p. 138)

Devo reconhecer, neste momento, o profundo respeito ao que representa o festejado autor, integrante da Magistratura gaúcha e expoente nas causas da infância e juventude. Mas, também devo estabelecer um comparativo entre a exigência da presença de defensor em sede Ministerial, como garantia, e o direito à celeridade processual na resposta estatal, como igual garantia ao adolescente infrator.

Não é do desconhecimento de qualquer cidadão o que se intitulou chamar de morosidade dos processos, ou da Justiça, o que não se faz diferente nas causas da infância e juventude, não obstante a determinação legal de prioridade em suas tramitações. Não menos desconhecida é a absoluta incapacidade do Estado para organizar e suportar a crescente demanda social que o faz fornecer, gratuitamente, assistência profissional por meio de advogados. A grande massa de infrações de adolescentes está hoje, segundo diz a prática forense, relacionada à população de baixa renda, ao menos quanto aos fatos que chegam aos registros policiais. Com isso, cresce a necessidade da oferta do serviço profissional, onde se encontra uma insuficiente resposta, pelo ainda reduzido número de advogados vinculados ao Estado, de onde se depreenderia o direito, ou a garantia, da defesa técnica gratuita.

Tais entraves demonstram estar de um lado o que se chamaria de garantia do equilíbrio da relação, na presença de um promotor de justiça e de um defensor, e, de outro, a morosidade da resposta estatal, que, para o adolescente, pode anular a eficácia da medida a ser imposta. Ter a ação Ministerial vinculada ao ranço da doutrina menorista, como expôs o autor, é desconhecer o que, por óbvio, não é o caso do ilustre Magistrado, a urgência do limite que é reivindicado pelo adolescente infrator. A posição parcial de acusação, que é inata ao Ministério Público, não pode ser vista como resgate menorista, quando se está diante de retribuição, em meio aberto, pelo ato cometido, disponível ao adolescente e seus pais a recusa. E, pelo critério da imparcialidade do juiz, pode não ser aceita de plano, quando da homologação do que foi ajustado.

Com isso, exigir a presença do advogado na apresentação pré-processual, o que não se opera em face da ausência de estrutura do Estado, é, penso, na prática do cotidiano, desmerecer a garantia e a necessidade de um procedimento ágil, mais emperrando o que já é, conforme o senso comum, moroso. Basta que se dê um exemplo: na Comarca de Bento Gonçalves, onde o Juizado da Infância e da Juventude não existe autonomamente, mas está vinculado à Vara Criminal, o procedimento completo (desde a representação do Ministério Público pelo ato infracional, até a sentença) tem, em média, tramitado durante um ano. Isto porque a sobrecarga de trabalho de uma única magistrada não permite o reconhecimento da prioridade dos procedimentos da infância e juventude, pois, entre outras situações, também diz a legislação penal serem prioridades os feitos de réus presos, assim como dos processos de execução criminal (aqueles que acompanham a execução da pena). Entretanto, oportunizar a presença do defensor parece adequado, mas sem vinculá-la à nulidade do ato de remissão no caso de sua ausência. Os limites da intervenção do promotor de justiça deveriam estar claros na lei, evitando a discricionaridade. Quantas vezes pode o promotor de justiça ajustar medida em sede de remissão? É obrigatória a concessão da remissão quando do primeiro ato infracional? As medidas socioeducativas a serem cumuladas no ajuste da remissão devem iniciar pela advertência no primeiro ato infracional leve, ou poderá o promotor de justiça propor a prestação de serviços à comunidade, conforme seu entendimento de necessidade? A ausência de algumas delimitações é que permitem as subjetividades e, por vezes, a relação de poder.

Ainda, quanto à celeridade dos processos judiciais, tem-se que, entre a prática da primeira infração que demanda aplicação de medida socioeducativa, e a sentença, corre-se o risco de outras infrações intermediárias, o que pode tornar mais ainda duvidosa a pedagogia das medidas socioeducativas, o que para uns está exatamente na mera retribuição. E, obviamente, não há que se falar em antecipação de tutela, de natureza cautelar, pois aí sim haveria absoluto rompimento do direito de defesa.

Por último, sobre tal caso, como propus no início do exemplo, quanto ao ato infracional de furto para aquisição de substâncias entorpecentes, quantas outras subtrações, até que haja a efetiva intervenção do sistema de justiça, poderão ser realizadas, com o mesmo objetivo? Em nome da garantia processual, a falta de celeridade na ação estatal arriscaria o direito à vida deste adolescente? À vida, sim, pois, embora não seja o tema deste trabalho, não há dúvida sobre o nefasto mal feito pelas drogas ao citado direito fundamental.

A ausência da celeridade pode, ainda, conduzir à impunidade. Impunidade para o adolescente, na concepção retributiva, seria ausência de aplicação de medida socioeducativa. Não somente por ter completado 21 anos de idade, tempo em que, segundo o Estatuto da Criança e do Adolescente, cessa a intervenção da Justiça da Infância, mas, também, pela absoluta ineficácia da aplicação de medida, quando se depara com o jovem-adulto (maior de 18 anos), autor de delitos e, quem sabe, já no sistema carcerário.

Quando apresentei a possibilidade média de um processo infracional, deixei de contabilizar situações como o "Caso de Maria", apresentado por Afonso Armando Konzen (2005), no escrito que propõe reflexões sobre a natureza jurídica das medidas socioeducativas. Lá, quatro anos e sete meses após o ato infracional, supostamente ocorrido, foi Maria internada, já quando contava com 19 anos de idade. Naquele momento, estava Maria grávida, além de ter uma filha de três anos de idade. Mais tarde, a medida de proteção imposta (tratamento psiquiátrico) veio, através de um laudo, afastar a possibilidade da existência do ato infracional, o que originou, cinco anos após a suposta infração, a liberação da jovem-adulta.

Não me prendo aqui, como fez Konzen, na análise da natureza jurídica das medidas, mas parto do exemplo por ele proposto para justificar que a garantia da celeridade processual, ou pré-processual, hoje descumprida pela maciça maioria do sistema de justiça, deve estar correlacionada com a preocupação garantista da ótica jurídica. Não é possível conviver com a defesa de todas as garantias materiais e processuais em detrimento da finalidade educativa da medida socioeducativa, bem como da resposta estatal retributiva, o que pode ocorrer se não se tornar célere a avaliação judicial dos atos infracionais.

Não proponho, com isso, o abandono do mínimo essencial ao reconhecimento dos direitos dos adolescentes infratores. Nem mesmo a volta das doutrinas que se foram, com o ranço da arbitrariedade. Mas, há que se reconhecer a inoperância do Sistema de Justiça, enquanto não se adaptar à prioridade absoluta, que não significa somente tutelar questões da saúde, da educação, por meio de ações que demandem os órgãos públicos, mas que também respondam de forma célere aos jovens em conflito com a lei. Afinal, vige a doutrina da proteção integral, no princípio da absoluta prioridade, também para o sistema de justiça.

Com base em tal avanço do sistema é que terá relevância a natureza jurídica das medidas socioeducativas, pois, enquanto não se aproximarem da resposta imediata, pouco representará além do que representa a pena. E, em sentido teórico, Edílson Mougenot Bonfim e Fernando Capez assim definem pena, no que não divergem da maioria dos penalistas:

> Sanção penal de caráter aflitivo, imposta pelo Estado, em execução de uma sentença, ao culpado pela prática de infração penal, consistente na restrição ou privação de um bem jurídico, cuja finalidade é aplicar a retribuição punitiva ao delinquente, promover sua readaptação social e prevenir novas transgressões pela intimidação dirigida à coletividade. (Bonfim e Capez, 2004, p. 632)

Notório é, mesmo que se faça um sobrenatural esforço de interpretação diversa, que a pena que priva a liberdade, em função do sistema carcerário que hoje existe no país, em nada se aproxima da finalidade de readaptação social do apenado. E, se abandonarmos a busca de uma diferenciação dogmática e prática entre ela e a medida socioeducativa, encaminharemos a conclusão de que o sistema infracional de privação da liberdade em nada poderá se identificar com sua finalidade educativa.

O questionamento proposto por Wilson Donizeti Liberati (2003), no subtítulo de sua obra: "Medida Sócio-educativa é pena?", embora não enfrentando o problema no curso do trabalho, estará inócua no contexto, enquanto não bem compreendida a definição de prioridade, o que parece ser um dos engessamentos do sistema de justiça. As finalidades da pena serão as mesmas da medida socioeducativa: punir o "criminoso" e prevenir a prática do crime, pela reeducação e pela intimidação coletiva, assim definida em sua concepção eclética. Qual será, nesta situação, a pedagogia da medida socioeducativa? Existirá?

Em razão de tais dúvidas é que lanço a avaliação, no próximo capítulo, sobre as medidas socioeducativas, enumerando e avaliando-as, conforme a previsão teórica do Estatuto da Criança e do Adolescente, buscando o vínculo eventualmente existente entre a concepção de educação e a resposta estatal retributiva ao ato praticado por adolescente em conflito com a lei.

O desafio também será observar, a seguir, se a execução das medidas socioeducativas contém a finalidade pedagógica que acredita Konzen nelas estar inserida, mesmo que de caráter penal. Ainda, se permitem ao adolescente infrator ao menos, uma relação consigo, o que, no dizer de Foucault, a partir das tecnologias do eu, "por si ou com a ajuda de outros, certo número de operações sobre seu corpo e sua alma, pensamentos, conduta, ou qualquer forma de ser, obtendo assim uma transformação de si mesmo com o fim de alcançar certo estado de felicidade, pureza, sabedoria ou imortalidade" (Larrosa *apud* Silva, 1994, p. 49). Enfim, se a execução das medidas, a partir da conduta do Ministério Público, representa mera execução da sanção ou proposta pedagógica de transformação.

3. Medidas socioeducativas: da natureza sancionadora e finalidade educativa

Para que se possa contextualizar o tema, foi preciso estabelecer a partir de que contexto falo sobre educação. Necessário se fez tentar estabelecer se existe relação entre o educativo e o sancionatório, ou seja, se sancionar é ou não forma de educar. Sem refletir sobre o que representa o termo socioeducativo, seria pura irresponsabilidade passar à análise das medidas em espécie previstas no Estatuto da Criança e do Adolescente. Aliás, este o grande risco imposto aos operadores do direito, onde situo os juízes, os promotores de justiça e os defensores. Todos, mesmo que do mais alto reconhecimento do garantismo, pois talvez nem a defesa técnica do adolescente compreenda a exata dimensão do termo "educativo". Talvez até hoje não tenha o sistema de justiça feito distinção entre "socioeducativo", atrelado às medidas, e "retributivo-ressocializador", supostamente vinculado à pena. Imagino que, ainda assim, mesmo que não seja objeto principal deste trabalho, caberia entender o que é socializar e quando a socialização acontece, se é que acontece.

Mesmo que a medida socioeducativa possa ser vista como uma ritualística, instituidora da relação de poder, como uma interdição estatal ao comportamento em conflito com a lei, em nome da segurança social, há, na outra ponta da relação, um adolescente com o dever de reconhecer que as regras infringidas merecem uma sanção, como imposição de limites, mas igualmente com o direito de ser educado, o que implica ter a oportunidade de compreender os prejuízos causados pelos próprios atos – para a comunidade e para si –, assim como as alternativas que a ele se oferecem para superar a situação e o comportamento que o levaram a um processo judicial. Disso decorre a aparente contradição que repele a idéia de que o que pune possa ser educativo. Aparente, defendo, por toda característica que já apontei da educação para a construção do eu e para a convivência social, para o aprender a viver junto.

Pois bem. Estou falando da natureza jurídica das medidas socioeducativas, embora o citado juiz catarinense, Alexandre Morais da Rosa, tenha abominado a expressão, compreendendo como singela ilusão o entendimento de que as coisas possuem natureza jurídica. Uma medida, no dizer da obra de Konzen, de conteúdo retributivo com finalidades pedagógicas.

Mas, que natureza jurídica possuem tais medidas?

Para que se aborde o tema acerca da natureza jurídica das medidas socioeducativas, se de caráter sancionatório e/ou educativo, convém a incursão sobre o estudo feito por Afonso Armando Konzen (2005), Procurador de Justiça do Estado do Rio Grande do Sul. Aponta o expoente gaúcho na matéria sobre a infância e juventude que a discussão sobre os termos pena e sanção, como natureza material das medidas, é inócua. Possuem, quanto ao que se propôs o Estatuto da Criança e do Adolescente, o mesmo significado: o do caráter sancionatório ou de responsabilização, em resposta ao ato infracional praticado pelo adolescente, sem afastar as garantias materiais e processuais atribuídas, conforme a nova ordem constitucional, aos sujeitos de direitos. Nesse mesmo diapasão, Ana Paula Motta Costa verifica coerente o entendimento que atribui natureza sancionatória às medidas socioeducativas, embora seu conteúdo na execução deva ser predominantemente educativo (Costa, 2005).

Conseqüência da aplicação da medida socioeducativa pelo Juiz, ultrapassado todo o procedimento que reconheça a existência do ato infracional, inicia-se a fase de execução da medida, ou seja, o momento de cumpri-la, quando o adolescente deverá, advertido do caráter sancionador, compreender a finalidade educativa.

Ao reconhecer o caráter sancionador, foi que o Desembargador Catarinense Antônio Fernando do Amaral e Silva assim se pronunciou:

> Impõe-se assumir o novo modelo do Estatuto responsabilizante e garantista, o que implica desmistificar o caráter exclusivamente protetor das medidas socioeducativas, reconhecendo a índole punitiva que lhes é imanente. Punição pedagógica, justa e adequada, sem caráter vexatório, constrangedor, humilhante. (*apud* Marques, 2000, p. 242)

Como já fiz referência, somente são compreendidos os fins se as causas estiverem claras. Não há como o adolescente compreender a finalidade de uma medida educativa somente por ter praticado ato em conflito com a lei. Se recebê-la sem o esclarecimento de ser ela parte de um processo de regras de convivência e respeito, acolherá como punição, "pagando-a", o que autorizará outras semelhantes condutas, pois nada mais deve. Também tal clareza deve existir ao sistema de justiça, pela responsabilidade que se confere ao ato de "punir" alguém. Para que se saiba o que é punição educativa, que, para o ilustre desembargador Amaral e Silva, explica a natureza jurídica das medidas socioeducativas, é necessário que se avalie a concepção de educação.

Acolho, como já procurei demonstrar, a concepção de educação, no que se relaciona com a medida jurídica, como um processo, o que vem sendo afirmado desde o início deste trabalho. Processo, segundo Maturana, em que a criança ou o adulto convive com o outro e, ao conviver com o outro, se transforma espontaneamente, de maneira que seu modo de viver se faz progressivamente mais congruente com o do outro no espaço de convivência.

Se a medida socioeducativa tem, como acredito, o caráter do aprender a conviver, a viver junto – um dos pilares da concepção da educação em Edgar Morin – , sua natureza é interdisciplinar, da ordem jurídica, social, educativa. Cada ciência poderá identificar a natureza da medida, cabendo ao operador do direito a todas reconhecer. Se assim não o fizer, sonega-se a garantia do adolescente, na fase processual, de identificação da medida mais adequada como resposta ao ato infracional.

Se somente a natureza jurídica importar ao sistema de justiça, a pena não educa e a medida não tem nenhuma finalidade educativa.

É Luigi Ferraioli, expoente no garantismo penal, que combate a idéia de educação associada à repressão. Não pela interpretação teórica da possibilidade, mas pela absoluta desvinculação com o aspecto prático da pena e, por que não dizer, da medida. O risco da concepção garantista, assim, será não conseguir sustentar que o punitivo pode ser educativo. Talvez nem mesmo a finalidade da medida possa ser educativa, quando se sobrepõe a pena à educação. Não que sanção deixe, por si, de ser meio de educar. Mas, aplicar o conteúdo aflitivo sem acompanhar a natureza social e pedagógica na execução da medida, certamente implicará desconhecer qualquer finalidade educativa.

Flávio Frasseto (2006) faz uma reflexão sobre a hierarquia que se pode estabelecer entre a natureza jurídica da medida, o objetivo a ela emprestado e seu conteúdo estratégico. Reconhece, quanto à primeira, o caráter sancionador, de efeito indesejado pelo infrator, mas que atende às exigências do grupo social atingido, representado pelo Estado. Portanto, vê na medida socioeducativa um objetivo de prevenção especial, inibidor da reincidência. Mas, ainda aponta o que denominou de conteúdo estratégico, o que até agora foi identificado como finalidade. Quanto ao conteúdo, Frasseto diz ser pedagógico.

A partir de tais definições é que propõe a discussão sobre a hierarquização entre a natureza, o objetivo e o conteúdo estratégico das medidas. Não identifica solução, mas admite que, em algumas situações, a natureza sancionatória pode colidir com o conteúdo estratégico, sem atingir os objetivos da lei. Mas também compreende que as garantias que precedem a sanção devem anteceder a intenção educativa das medidas. Não são excludentes sob sua ótica, convivendo harmonicamente o garantismo e a educação.

Assim, se a medida socioeducativa tiver componente retributivo associado ao educativo, pois esse último representará sua finalidade, em todas as espécies de respostas estatais, seja por meio da remissão (com a presença do defensor, como defendem os garantistas), seja pela decisão judicial, deve ser garantia do adolescente a análise interdisciplinar do ato, suas conseqüências na vida do próprio adolescente infrator (a espiação de sua culpa) e a medida mais indicada, para que se resgate a finalidade educativa que tenha como princípio fundamental o "aprender a viver junto". Sem isso, com o devido respeito à discussão proposta pela doutrina jurídica, não há socioeducação, porque falta ao direito transitar nas demais ciências.

Como garantir ao adolescente que os objetivos da medida que receberá serão plenamente encontrados (sejam retributivos, ressocializadores e com finalidades educativas), se não houver identificação dos motivos que o levaram ao ato infracional? E a importância dos motivos talvez não seja encontrada nas ciências jurídicas, buscando-a no auxílio concedido pela sociologia, pela antropologia, psicologia, pela psicanálise, já que o ato infracional também poderá estar relacionado com o superego, que exige uma punição interna.

É Sigmund Freud que nos apresenta a agressão como inclinação natural do ser humano, perturbando relacionamentos com o próximo. E, decorrente dela, duas origens do sentimento de culpa, como indica o autor:

> Uma que surge do medo de uma autoridade, e outra, posterior, que surge do medo do superego. A primeira insiste numa renúncia às satisfações instintivas; a segunda, ao mesmo tempo em que faz isso, exige punição de uma vez que a continuação dos desejos proibidos não pode ser escondida do superego. Aprendemos também o modo como a severidade do superego – as exigências da consciência – deve ser entendida. Trata-se simplesmente de uma continuação da severidade da autoridade externa, à qual sucedeu e que, em parte, substituiu. (*apud* Salomão, 1978, p. 179)

Também não tem o presente trabalho o objetivo da avaliação psicológica/psiquiátrica das condutas infracionais. Mas, insisto na interdisciplinaridade. Não desmerece o tema relacionado à natureza jurídica das medidas socioeducativas, mas impõe uma reflexão que transcenda a interpretação formalista da resposta estatal aos atos em conflito com a lei.

Ainda, avançando no sentimento da culpa relacionado ao limite que as exigências da consciência impõe, mais pode o sistema de justiça observar o quão falha sua missão, quando retarda a resposta aos atos em conflito com a lei, seja pelo eventual desinteresse de seus operadores na matéria, seja pela falta de estrutura de seus órgãos. Como no capítulo anterior referi, a média temporal para o transcurso de um procedimento infracional coloca em risco o sucesso de qualquer medida socioeducativa, não pelas carências na execução, que adiante se abordará, mas pela falta imediata de resposta à expiação de culpa que pode estar fazendo o sujeito adolescente a cada ato que enfrente a norma.

Maior a responsabilidade é quando se observa que a primeira origem do sentimento de culpa, o medo da autoridade, tem se perdido no decorrer do tempo, tão carente está a autoridade parental, eis que a família de hoje não tem conseguido enfrentar as ofertas desleais do mundo cibernético e das drogas. O enfraquecimento ou a ausência da figura paterna contribui para a fragilidade do superego e, com isso, para o desaparecimento do primeiro sentimento de culpa. Quando o Estado retarda a aplicação da medida socioeducativa, está a contribuir para que mais se reforce a idéia da falência da autoridade, perseguindo o adolescente o limite, internamente nele exigido, na reincidência dos atos.

Nessa ótica, pouca importância terão as garantias, de ordem material ou processual, já que, ou incorro em erro, ou o sistema de justiça não pode estar solto no mundo da reconstrução do ser humano, um dos objetivos da pena (o que também o é da medida socioeducativa, como até agora se viu), descompromissado com os resultados.

Falo de um lugar: o do Ministério Público. A instituição que deve zelar pelo reconhecimento dos direitos fundamentais e sociais. Neles inserido o direito à educação. E não estou, do lugar que ocupo, contrariando a obrigação acusatória do promotor de justiça, mesmo que no sistema penal juvenil. Porque reconheço a natureza retributiva da medida, como imposição de ordenamento na regras de convivência. Mas compreendo a função acusatória, pela arraigada característica do Estatuto da Criança e do Adolescente ao sistema penal, quanto ao ato em conflito com a lei, como início de uma proposta de transformação do adolescente, que só será nazista se o Estado for incapaz de criar uma articulada rede de atendimento socioeducativo.

Do lugar onde falo, obviamente não proponho o Ministério Público na execução das medidas, pois isto não seria atribuição. Mas proponho à instituição e aos demais agentes sociais uma reflexão teórica sobre a finalidade da medida, pois somente assim poderão provocar o Estado para formulação de políticas públicas que incluam a execução das medidas socioeducativas na prática do desenvolvimento do ser humano.

Ora, se existem questões de outras ciências que podem demonstrar a absoluta ineficácia da medida, seja ela qual for, pelos vínculos que o ato em conflito com a lei possam ter com vivências da infância, da família, como garantir finalidade pedagógica se o operador do direito estiver tão somente interessado na natureza jurídica da medida?

É bem verdade que os operadores do direito não são cientistas sociais, psicólogos nem educadores de formação, mas não podem fechar o manto jurídico como se a discussão acerca das garantias de direitos aos adolescentes estivessem puramente vinculadas a ele. Se assim fosse, retomando a discussão proposta por Wilson Liberati, anteriormente abordada, restaria juridicamente uma única indagação: medida socioeducativa é pena? Da resposta, poderia ser retirado o conteúdo material e instrumental da medida.

Todavia, a doutrina que até agora se apresentou como atual, é a da proteção integral, o que leva a crer que também nela estará inserida a (re)educação do adolescente em valores humanos, foco que emprestei à primeira parte da análise dos compromissos da educação.

Sem me afastar do foco principal deste trabalho, que busca uma interlocução do direito com a educação, passeando por outras abordagens temáticas, o que tem permitido a garantia do olhar interdisciplinar, retorno, a seguir, à visão jurídica da matéria, para verificar, uma a uma, as medidas socioeducativas, discutindo suas características e a eficácia de suas aplicações pelo sistema de justiça. Antes, porém, pretendo avaliar a execução de tais medidas, na ótica do sistema de garantias, que deve ultrapassar o processo de conhecimento, comprometendo-se, como a pouco referi, com seus resultados.

A caminhada histórica que apresentei no capítulo anterior, sobre a responsabilização de crianças e adolescentes, permitiu visualizar as três etapas do tratamento penal dos menores de idade, bem indicadas por Emílio Garcia Mendez: a etapa de caráter penal indiferenciado, dos códigos penais retribucionistas; a etapa de caráter tutelar, assim intitulada mesmo preservando a institucionalização, apenas reconhecendo que a promiscuidade entre jovens e adultos não poderia permanecer e, por isso, criando "abrigos" específicos; e a etapa da responsabilidade penal dos adolescentes, que se inaugurou com o advento da Convenção Internacional dos Direitos da Criança.

Dessa última etapa, afirmada no Brasil com o advento do Estatuto da Criança e do Adolescente, ratificando os termos insertos no artigo 227 da Constituição Federal, surge um modelo de responsabilidade penal próprio do adolescente infrator, seja o direito penal juvenil, seja o direito infracional.

Posto assim, necessário que se apresente o nominado ato infracional, na visão jurídica penalista, pois daí decorre sua responsabilização. Conceituando ato infracional, João Batista Costa Saraiva (2003) pergunta: "E o que é ato infracional?" O autor responde: "A conduta descrita na lei (penal) como crime e contravenção".

Portanto, todo ato típico e ilícito (previsto na lei penal e contrário a ela) praticado pelo adolescente deverá receber o atento olhar do Sistema de Justiça. Não mais na concepção anterior, onde a apreciação do Juiz era exclusiva, mas com intervenção obrigatória do Ministério Público e do Advogado, além de uma equipe interdisciplinar, para alguns casos, que colaborem para adequação da melhor resposta ao ato. Em conseqüência, estabelece-se a resposta legal ao ato infracional, considerado na lei como medidas socioeducativas.

Para cada ato típico infracional corresponde uma medida socioeducativa, ou mais, tendo em vista a possibilidade de cumulação, atendendo princípios de proporcionalidade, necessidade e individualização. A aplicação da medida será precedida de um exame de procedência, conforme a cominação prevista no Estatuto da Criança e do Adolescente, individualizando-a ao adolescente. Procedência que indicará, colhida a prova sobre o ato infracional, que tem ele adequação típica, ou seja, que está entre os atos subsidiariamente previstos no Código Penal. Cominação que se refere expressamente à medida de internação, nos expressos casos previstos no artigo 122 do Estatuto da Criança e do Adolescente, pois, sem gravidade ou violência, não se admite a aplicação da mencionada medida. Individualização que está relacionada ao próprio adolescente, ou seja, qual a medida socioeducativa mais adequada ao infrator, conforme sua personalidade, sua conduta social, o grau de reprovabilidade que ele atribui a sua conduta.

No tocante à individualização é que relativa discricionaridade pode emergir, já que a norma faz previsão objetiva parcial acerca das medidas a serem aplicadas. Exceção do prazo máximo da internação, quando refere a impossibilidade de ser superior a três anos, conforme avaliações por equipe interdisciplinar a cada seis meses, no máximo, no que diz com as medidas de meio aberto apenas limita o prazo de prestação de serviços à comunidade, estipulando o máximo de seis meses, e aponta o prazo mínimo da liberdade assistida, também em 6 meses. Mas, com isto, permite que cada promotor, na transação que faz com o adolescente, ou cada juiz, na sentença, fixe tempo que se vincula ao seu subjetivismo, presumindo que a resposta estatal seja suficiente.

Na verdade, alguns critérios devem ser observados, como o contexto de onde surgiu a conduta infracional, a extensão do dano, o modo de agir do adolescente, entre outros, como os previstos no artigo 59 do Código Penal aos maiores imputáveis. Com isso, o tempo de permanência em determinada medida ficará a critério do sistema de justiça.

Disciplinou o Estatuto da Criança e do Adolescente a existência das seguintes medidas socioeducativas: advertência, reparação do dano, prestação de serviços à comunidade, liberdade assistida, semiliberdade, internação. Excetuadas as duas últimas, que privam o adolescente de liberdade, as demais medidas têm enfoque de cumprimento aberto, destinando-se ênfase à prestação de serviços à comunidade e à liberdade assistida, pela natureza sancionadora e fins educativos que deveriam contemplar.

Ainda que seja relevante a abordagem individual das medidas em espécie, o que farei adiante, enfrento, desde já, tema de profunda inquietação, tratando da execução de tais medidas. Execução que tem formação de procedimento próprio junto ao sistema de justiça, após a transação que hoje pode ser feita entre o Ministério Público e o adolescente, acompanhado de seus pais ou responsáveis, como dita a Súmula 105 do Superior Tribunal de Justiça. Ou, ainda, execução de medida aplicada pelo juiz, após o devido processo legal, quando do reconhecimento de que a representação que imputou ao adolescente prática de ato infracional tinha procedência.

A inquietação que referi pode ser vista por dois ângulos: primeiro, a partir da verificação sobre a existência de programas de medidas socioeducativas nos municípios; o outro, referente ao comprometimento do sistema de justiça com os resultados, conforme a natureza jurídica que se admite ter a medida, de cunho sancionador, mas, principalmente, conforme a finalidade educativa que entendo como educação em valores.

Quanto ao primeiro, embora a lei atribua aos municípios a obrigação de organizar as medidas em meio aberto, muito ainda tem sido improvisado, seja pela responsabilidade que é atribuída a servidores do Poder Judiciário, como, em regra, assistentes sociais, que coordenam os encaminhamentos dos adolescentes infratores a escolas, hospitais, ou até para as prefeituras e secretarias municipais; seja pela criação de organizações não governamentais que assumem a execução da prestação de serviços à comunidade e da liberdade assistida, por vezes com muito boa vontade, mas com parcos recursos técnicos e financeiros. Quem sabe a proposta do SINASE (Sistema Nacional de Atendimento Socioeducativo), adequada nos Estados e nos Municípios, possa impulsionar a uma melhor operacionalização da execução das medidas em meio aberto, muito embora algumas lacunas no texto deixadas. A partir dessas dificuldades, também surge a segunda causa de inquietação: os duvidosos resultados. E, quando falo em resultados, não pretendo proclamar mudanças de comportamentos dos adolescentes, pois, por vezes, nem mesmo o mais adequado programa de atendimento socioeducativo consegue sucesso nas propostas, por circunstâncias relacionadas à pré-constituição familiar, psicológica ou social do próprio adolescente. Mas os resultados estão vinculados à existência de uma efetiva proposta pedagógica, sabendo o órgão executor, bem como o sistema de justiça, que a oferta propõe a mudança de comportamento e encaminha o adolescente ao aprendizado de convivência comunitária.

Ultrapassadas as inquietações da execução, com a convicção da existência de adequados programas socioeducativos, possível será sustentar a conjunção de uma natureza jurídica sancionadora com dimensões educativas.

Se na fase da aplicação da medida, a natureza de sanção for a regra, como antes esbocei no pensamento da corrente contemporânea garantista, na execução a finalidade pedagógica deve ser o foco principal, não sob o aspecto meramente tutelar do maior interesse do adolescente, mas com o direcionamento voltado à educação decorrente do vocábulo *educare*, como sugeri no início do primeiro capítulo, que permite o desenvolvimento das capacidades individuais e de relacionamento com o meio.

A abordagem relativa ao reconhecimento do ato retributivo fiz anteriormente. A finalidade pedagógica é que provoca uma verificação individual das medidas socioeducativas, razão de suas apresentações, tais como faz a norma, permitindo que, na seqüência, possam ser avaliadas quanto ao pretenso fim educativo. Inicio pela rápida abordagem da medida de internação, a mais gravosa da norma legal, embora eleja as medidas de meio aberto como reflexão de fundo, por entender que as finalidades pedagógicas nelas encontram mais adequada ressonância, se acompanhadas de conveniente execução.

3.1. A internação

Prevista no Estatuto da Criança e do Adolescente como medida de caráter excepcional, reservada aos atos graves. Assim diz o artigo 121: "A internação constitui medida privativa da liberdade, sujeita aos princípios de brevidade, excepcionalidade e respeito à condição peculiar de pessoa em desenvolvimento".

Já tratava a Convenção Internacional dos Direitos da Criança do critério excepcional, acolhido pelo Estatuto, tal como fizeram as Regras Mínimas das Nações Unidas para os Jovens Privados de Liberdade e as Regras de Beijing. Também a característica da brevidade da internação foi reconhecida. Além disso, a possibilidade preferencial de aplicação de outra medida, de meio aberto, é obstáculo à internação. Emilio Garcia Mendez, sobre os princípios da excepcionalidade e da brevidade, assim referiu:

> O caráter breve e excepcional da medida surge, também, do reconhecimento dos provados efeitos negativos da privação da liberdade, principalmente no caso da pessoa humana em condição peculiar de desenvolvimento. (*apud* Cury, 1996, p. 373)

Esta medida, tida como socioeducativa, representa a privação da liberdade que a sociedade exige, quando propõe uma falsa premissa de que a redução da violência a isso está vinculada. Sobre a ineficácia da privação da liberdade como contenção da delinqüência juvenil, diz Flávio Américo Frasseto:

> Ao reservar para casos excepcionais a aplicação desta medida, em verdade, o legislador estava partindo da idéia de que a institucionalização

total, com a segregação do infrator do meio social, é instrumento totalmente fracassado de controle da chamada delinqüência juvenil. Pior: além de ineficaz, tal sistema tem se mostrado reprodutor e reforçador desta mesma delinqüência. (Frasseto, 2006, p. 27)

Pois, então, dois critérios devem ser analisados para a aplicação de tal medida: um que se relacione à gravidade objetiva do ato, que se vincula às suas conseqüências; outro, que verifique se a medida contemplará uma finalidade pedagógica, no enfoque sobre o qual venho enfrentando o tema: pedagogia como construção individual e social do sujeito.

Quanto ao primeiro aspecto, o artigo 122 do Estatuto da Criança e do Adolescente é de suficiente esclarecimento: aos atos graves, reiterados ou não, com violência ou grave ameaça à pessoa, é possível a internação. Assim dispõe:

> A medida de internação só será aplicada quando:
> I – tratar-se de ato infracional cometido mediante grave ameaça ou violência à pessoa;
> II – por reiteração no cometimento de outras infrações graves;
> III – por descumprimento reiterado e injustificável da medida anteriormente imposta.

Possível, porque não obrigatória, a teor do § 2º do mencionado artigo, quando a análise sobre o ato infracional indicar a aplicação de outra medida menos gravosa.

Quanto ao segundo critério que propus, cumpre questionar: que construção de valores pode ter o adolescente infrator que se vê internado? É possível vislumbrar finalidades educativas na internação, ou sua hipótese deve ser acolhida pela simples inclusão no rol das medidas reservadas aos atos em conflito com a lei?

A internação que se apresenta no sistema socioeducativo, tal como a prisão do sistema penal, não tem qualquer finalidade educativa. Afirmo, relembrando o que há pouco expus: a execução das medidas socioeducativas deve justificar a afirmação de que a medida em si apresenta finalidade educativa. Se educativa é a construção do sujeito, individualmente, com a construção de valores para reconhecimento de sua cidadania, em nada contribui o isolamento do adolescente infrator, menos ainda quando o atual modelo socioeducativo impõe disputas internas de espaço, eis que flagrante é a superlotação das casas.

Partindo do raciocínio que conduz para o não comprometimento da internação como construção do sujeito moral e social, não haverá qualquer finalidade educativa. Aceitar a sanção como forma de educar deve apresentar vínculo com o comportamento futuro. Quando se educa na sala de aula, a relação que se estabelece é de, entre outras, preparação para o futuro. Se o futuro do adolescente infrator pouco importa, ou nem exista, pois a medida de caráter repressivo somente está vinculada à resposta proporcional ao ato, é ela meramente penal. Nada socioeducativa.

A terceira maneira histórica da organização do poder de punir, conforme Foucault, está exatamente no projeto de instituição carcerária, onde a punição é uma técnica de coerção, punitiva ao indivíduo, com processos de treinamento do corpo para novos hábitos, novos comportamentos. A medida socioeducativa de internação, onde se faz presente o encarceramento, deve ter a proposta de novos comportamentos do adolescente, de onde poderia ser extraída sua finalidade educativa. Mas, como idealizar novos comportamentos com o quadro que há pouco referi, quando o dobro ou mais de adolescentes se empilha no espaço dito socioeducativo?

Não sugiro o fim da internação, pelo mal necessário que ela representa. Mal, porque não existem bondades na punição. Necessário, porque a contenção também se identifica com a paz social. O que estou a refutar é a existência de qualquer propósito educativo na medida, pois em nada constrói o sujeito, nem individual, nem socialmente. Não há pedagogia na medida e, por muito menos, na execução. A contenção que priva a liberdade poderá ser um início de repressão ao comportamento compulsivo-agressivo do adolescente, mas que só terá sentido se houver convivência com o estudo e com o trabalho, meios que podem complementar a privação da liberdade na busca da construção da cidadania. Isso, associado aos demais direitos fundamentais previstos no Estatuto da Criança e do Adolescente, como o lazer e o esporte, também vinculados aos princípios de respeito e dignidade.

Não diferente será a interpretação sobre a medida em regime de semiliberdade, quando a privação do direito de ir e vir, mesmo que parcial, é a ela também inata. Apenas difere da internação pela circunstância legal que a prevê como um estágio intermediário entre aquela e o meio aberto, utilizada, muitas vezes, como progressão, nomenclatura importada da lei de execução da pena do adulto.

Enfrentados alguns pontos sobre as medidas de privação da liberdade, sempre sob o olhar da interdisciplinaridade, entre o jurídico e o educativo, é que ingresso na seara das medidas de meio aberto. Antes, porém, porque possível encontrá-las no perdão, tecerei algumas observações sobre a remissão.

A primeira delas está no perdão discricionário. É isso que permite o artigo 126 do Estatuto da Criança e do Adolescente, concedendo ao Ministério Público, a partir da verificação do contexto social do adolescente e de sua personalidade, entre outras circunstâncias, a possibilidade de encaminhar a extinção do processo. Exponho as preocupações: o que vem a ser contexto social para o operador do direito? Como avaliar a personalidade do adolescente?

Bem certo que assim também será ao juiz que aplica a pena ao imputável, a partir do que diz o artigo 59 do Código Penal. Mas, aqui, no ato infracional, não está a se tratar de pena, embora a possibilidade legal de cumulação da remissão com medida socioeducativa, o que logo enfrentarei. A dúvida é: perdoar, avaliando personalidade e contexto social – circunstâncias ajurídicas –, é pedagógico? Para que a resposta seja afirmativa, a natureza da remissão deverá ter caráter interdisciplinar. Menos jurídico, mais social e psicológico. O sistema de justiça deverá estar atento a conceitos que não lhe pertencem tecnicamente, para que a remissão não tenha a mera compreensão de impunidade.

Preconiza, ainda, o artigo 127 do Estatuto da Criança e do Adolescente:

> A remissão não implica necessariamente o reconhecimento ou comprovação da responsabilidade, nem prevalece para efeito de antecedentes, podendo incluir eventualmente a aplicação de qualquer das medidas previstas em lei, exceto a colocação em regime de semiliberdade e a internação.

Retomo, sob o enfoque garantista, a discussão sobre a possibilidade de aplicação de medidas a adolescente supostamente infrator. Assim permite a lei, no momento em que não exige o reconhecimento da autoria do fato, e, mesmo assim, reconhece a possibilidade de serem agregadas ao perdão quaisquer das medidas de meio aberto. Como perdoar o que não foi feito? A sanção poderá, conforme a medida, ser encontrada na ação estatal. Mas, que finalidade educativa existirá, quando o adolescente, não reconhecendo a ação em conflito com a lei, "pagar pelo que não fez"? Onde estará a construção individual e coletiva de valores?

Verificada a fase pré-processual, embora também a remissão seja disponível ao juiz, mas com os mesmos critérios de responsabilidade interdisciplinar para a sua concessão, faço breve incursão sobre as medidas de meio aberto, que podem estar relacionadas ao perdão, ou surgirem como resposta estatal em fase de decisão judicial após o devido processo legal.

3.2. Advertência

Disciplina o Estatuto da Criança e do Adolescente, em seu artigo 115: "A advertência consistirá em admoestação verbal, que será reduzida a termo e assinada"

À medida de advertência emprestaria a lei o caráter sancionador, com finalidades educativas, conforme a concepção de educação que acolho quando excetuo as medidas de privação da liberdade. Ao contrário, nesta, qual o caráter sancionatório? Trata-se ela de mera reprimenda verbal?

Obviamente que a interpretação que se fez à privação da liberdade provoca o entendimento de que a advertência está vinculada a atos infracionais leves. Como resposta estatal, a advertência estaria caracterizando apenas um próximo passo depois do perdão, concedido por meio da remissão. Adverte-se o adolescente que o ato não está de acordo com a norma e que sua reincidência poderá implicar sanções. Então, a sanção está no ato de autoridade, de poder. Como antigamente eram as advertências familiares.

Entretanto, talvez a finalidade educativa da advertência seja a única razão para considerá-la como medida educativa, desde que acolhida pelos operadores do direito com a responsabilidade de quem se compromete com seus resultados. Bem verdade que a finalidade educativa depende da compreensão do adolescente e, porque não dizer, de sua família, sendo essa suporte para a conduta futura. Se assim não for, por que é ela compreendida pelo adolescente como mera reprimenda verbal, chegando a afirmar, na prática, que "não deu em nada", não haverá socioeducação.

3.3. Reparação do dano

Segundo o *caput* do artigo 116 do diploma legal em análise:

> Em se tratando de ato infracional com reflexos patrimoniais, a autoridade poderá determinar, se for o caso, que o adolescente restitua a coisa, promova o ressarcimento do dano, ou, por outra forma, compense o prejuízo da vítima.

Refiro a autorização legal para substituir tal medida, quando impossível ao adolescente reparar o dano. Tudo por um princípio penal e constitucional de que "a pena não poderá passar da pessoa do delinqüente", o que caracteriza o princípio da intranscendência. Não é diferente com relação ao ato infracional, pois nada educativo seria, mesmo que assim a lei autorizasse, determinar aos pais o ressarcimento dos prejuízos. Deixo de abordar a responsabilidade civil sobre o ato, já que a seara que aqui se enfrenta está em similitude penal. Mesmo que quisesse abordá-la, encontraria sérias dificuldades de resultados práticos, pois a classe social de pertencimento da maioria dos infratores não encontraria nem mesmo nos pais a possibilidade do cumprimento da medida.

A impossibilidade social do cumprimento desta medida desloca, de imediato, à abordagem das restantes em meio aberto: a prestação de serviços à comunidade e a liberdade assistida, utilizadas em boa escala nas respostas estatais aos atos em conflito com a lei.

3.4. Prestação de serviços à comunidade

Disciplina o Estatuto da Criança e do Adolescente, em seu artigo 117:

> A prestação de serviços comunitários consiste na realização de tarefas gratuitas de interesse geral, por período não excedente a seis meses, junto a entidades assistenciais, hospitais, escolas e outros estabelecimentos congêneres, bem como em programas comunitários ou governamentais.

Acresce o parágrafo único:

> As tarefas serão atribuídas conforme as aptidões do adolescente, devendo ser cumpridas durante jornada máxima de oito horas semanais, aos sábados, domingos e feriados ou em dias úteis, de modo a não prejudicar a freqüência à escola ou à jornada normal de trabalho.

Cumpre dizer, desde já, que a prestação de serviços à comunidade não é medida exclusiva ao público infanto-juvenil infrator. Também o direito penal do adulto possibilita, como alternativa à prisão, em crimes de menor gravidade, a substituição da privação da liberdade por tal pena alternativa. Não diferente fez a nova lei sobre uso de substâncias entorpecentes. A questão que se evidencia está na diferença operacional necessária da prestação de serviços do adolescente em relação à similar do adulto. Essa, mesmo que não atinja a proposta educacional pretendida ao maior de idade (maior de 18 anos), conta-se em horas, como meio prático de sua execução. Cumpridas as horas, independente de qualquer análise subjetiva, extingue a pena. Para o adolescente, entretanto, mesmo que o dispositivo legal possa referir cronologicamente o tempo (os meses, as horas), há de se questionar se a conferência do número de dias ou de horas é suficiente para se ter como cumprida a finalidade educativa da intervenção do sistema de justiça. Ou, para além de mera contagem temporal, a inclusão de todo um sistema de apoio, de uma rede de atendimento referencial do adolescente, representada por um grupo que respeitosamente o acolhesse, não seria essencial ao desenvolvimento do infrator, como proposta de resgate individual e social, a partir da medida de prestação de serviços à comunidade?

Exemplo de paradigma da conjugação de respeito aos valores de dignidade do adolescente infrator, com o necessário reconhecimento do caráter sancionatório da medida socioeducativa de prestação de serviços, é o trabalho desenvolvido na Universidade Federal do Rio Grande do Sul, relatado na obra "Medidas Sócio-Educativas – Da Repressão à Educação", de autoria de Carmem Maria Craidy e Liana Lemos Gonçalves (2005, p. 28). Dizem as autoras, ao referirem um dos princípios norteadores do programa de prestação de serviços à comunidade, desenvolvida pela citada instituição de ensino superior, que deve tal medida socioeducativa "ser considerada como medida educativa e não como simples punição, através da colocação do adolescente no trabalho, o que poderia gerar uma visão negativa da medida, e até mesmo do trabalho".

Ainda em relato da experiência do Programa, em execução desde o ano de 1997, as autoras fazem referência sobre o encaminhamento do adolescente infrator a um "educador voluntário", pessoa responsável pelo acompanhamento das atividades por aquele realizadas, com controle da freqüência. Mas, ao final, o relatório conclusivo é compartilhado, ou seja, preenchido pelo educador e pelo adolescente, que ainda faz, junto à equipe do programa, uma auto-avaliação.

Semelhante experiência foi reproduzida junto à Universidade de Caxias do Sul, no Campus Universitário da Região dos Vinhedos, em Bento Gonçalves – RS, que disponibilizou 10 vagas para atendimento de medidas socioeducativas de prestação de serviços à comunidade, conforme encaminhamentos feitos pelo sistema de justiça.

A abordagem que se faz, neste momento, sobre tal experiência prática tem o precípuo escopo de chamar a atenção para o encontro das naturezas das medidas socioeducativas: sancionatória e educativa. Natureza interdisciplinar: juridicamente uma sanção de finalidades educativas, conforme o contexto social e familiar de cada adolescente.

Obviamente que não se está a tratar de eficácia de medidas socioeducativas, com análise dos programas existentes. Refiro o programa da UFRGS, embora diversas dificuldades que possa ter e adequações que possa merecer, como parâmetro da compreensão sobre a necessidade da existência de uma rede de atendimento, inclusive ao adolescente infrator, para que o sistema de justiça, parte integrante de tal rede, possa ter suporte de verificação se há efetividade em suas ações socioeducativas. Não diferente a proposta do CEDEDICA, de Santo Ângelo, também no Rio Grande do Sul, que vem atuando fielmente na proposta de socioeducação em meio aberto. E, certamente, tantas outras experiências de mesma relevância em boa parte do Brasil.

Outra questão que se põe ao investigador é a análise da preocupação do sistema de justiça, sobre as condições e aptidões pessoais do adolescente para o exercício de determinado trabalho educativo. Ao ajustar ou aplicar uma medida de prestação de serviços à comunidade, estaria o sistema (juízes, promotores) atento às aptidões do adolescente, ou as determinações de horas e locais de desenvolvimento das tarefas ficariam meramente atreladas a uma disponibilidade de vagas em instituições, secretarias municipais ou clubes de serviço?

Apressadamente, a exegese do que aponto poderia levar à conclusão de que o autor do texto se atrapalha com as palavras, quando confunde aplicação e execução das medidas, quanto à finalidade educativa. Assim, explico: não pode haver dissociação entre a aplicação e a execução das medidas socioeducativas, sob o risco de terem elas mera natureza penal. Não admito a existência de finalidade educativa nas medidas, quando não se vela pela eficiência da execução, momento em que o adolescente estará frente a sua culpa, quando a intervenção de uma rede de suporte poderia resgatar sua capacidade de construção individual e de interação com o meio social.

O juiz de direito e o promotor de justiça que conferem a finalidade educativa nos relatórios de horas de prestação de serviços à comunidade, extinguindo o processo de execução, não estarão praticando a interdição na vida do adolescente, tão somente cumprindo a função de poder, vinculada exclusivamente às atribuições jurídico-penais que a Constituição Federal as outorgou.

3.5. Liberdade assistida

Provinda do Código Mello Mattos, com ótica diversa e com nome de liberdade vigiada, presente já no Código de

Menores revogado, a liberdade assistida, outra medida em meio aberto, vem, pelo que pude observar na experiência de atuação como agente do Ministério Público, crescendo na sua utilização pelo sistema de justiça, talvez pelo entendimento que a própria doutrina esboçou de ser "a melhor medida para recuperação do adolescente, sobretudo se ele puder permanecer com a própria família" (Pereira, 1996). Ainda sobre a conveniência da aplicação da liberdade assistida, Véra Maria Mothé Fernandes, assistente social do Estado do Rio de Janeiro, em seu livro "O adolescente Infrator e a Liberdade Assistida: Um Fenômeno Sócio-Jurídico" (1998), cita Níveo Geraldo Gonçalves, que assim afirma a liberdade assistida:

> (...) uma das modalidades de tratamento em meio livre, como medida alternativa no tratamento institucional. É uma sanção penal, limitando a liberdade do adolescente e alguns de seus direitos segundo as condições impostas, com vista aos fins socioeducativos, para assegurar a reeducação do adolescente e impedir a reincidência.(*apud* Fernandes, 1998, p. 133)

Sobre tal medida, o Estatuto da Criança e do Adolescente assim diz, em seu artigo 118: "A liberdade assistida será adotada sempre que se afigurar a medida mais adequada para o fim de acompanhar, auxiliar e orientar o adolescente".

Acrescenta o § 1º: "A autoridade designará pessoa capacitada para acompanhar o caso, a qual poderá ser recomendada por entidade ou programa de atendimento".

Eis, no dispositivo colacionado, a figura do orientador, como pessoa encarregada de auxiliar o adolescente no entendimento do caráter educativo da medida socioeducativa, que, para Jason Albergaria (1991), deve ter formação em ciências humanas, porque deve ser um educador e não lhe basta apenas a cultura jurídica.

Mais uma vez, não se quer avaliar a mera existência de programas de liberdade assistida à disposição do sistema de justiça, mas a interação eventualmente feita por esse com a finalidade educativa também desta medida. Repete-se o Estatuto da Criança e do Adolescente quanto à existência de relatórios para verificação da execução da medida, preenchimento a cargo do orientador (art. 119, IV). Estaria o sistema de justiça acompanhando a eficácia da medida pelos relatórios? Estaria verificando a adequação do orientador à medida, exigindo programas compatíveis com a necessidade do público (adolescentes), para conferir verdadeira finalidade prática de educação à liberdade assistida?

Permito-me suspeitar que a ausência de uma regulamentação da execução esteja a conferir um caráter puramente sancionador à medida socioeducativa, pois, mesmo que possa compreender, como Konzen, que existe finalidade pedagógica, só a admito se for pedagógica a execução. Do contrário, a natureza jurídica será sancionadora, com finalidades retributivas (e não se fale em ressocialização, pois não passará de mera retórica utópica). E a medida será penal, e não socioeducativa.

Não é por menos que a regulamentação da execução vem sendo discutida há longa data, internamente na Associação Brasileira de Magistrados e Promotores da Infância e Juventude (ABMP), no Conselho Nacional dos Direitos da Criança e do Adolescente (CONANDA), surgindo a proposta do Sistema Nacional de Atendimento Socioeducativo (SINASE), atribuindo competências concorrentes à União, Estados e Municípios, como um conjunto articulado de regras e critérios de caráter jurídico, político, pedagógico, financeiro e administrativo, incumbindo ao programa de atendimento a formulação do plano individual de execução de medidas, com base em parecer interdisciplinar, respeitando a opinião do adolescente e a participação de seus pais ou responsáveis. Nas medidas de prestação de serviços e liberdade assistida, propõe-se que o programa de atendimento credencie orientadores, que, acompanhando o adolescente, participará da avaliação da medida. Em tese, o ato jurídico de aplicação de medidas socioeducativas estaria respaldado por ato pedagógico de acompanhamento e avaliação, agora não só por improvisações de secretarias municipais, mas por programa específico de atendimento.

A dúvida poderá residir na possibilidade fática de tais providências, na medida em que ao município caberá, como já cabe, mas, na grande maioria, sem operacionalização, a organização e execução das medidas em meio aberto. De qualquer modo, mesmo que possa haver resistência à compreensão da necessidade de uma lei de execução específica, tramitando ainda projetos que não contemplam suficiência pedagógica, há uma maior relevância à proposta de tal natureza, respeitando as individualidades, com objetivos de integração social. Ou, como diz o texto, medidas de natureza sancionatória, de conteúdo educativo.

Como hoje são operacionalizadas as medidas socioeducativas de meio aberto, a ausência de um plano de execução para os adolescentes em conflito com a lei compromete a eficácia da resposta estatal, iludindo-se o sistema de justiça, com compromissos de resgate da cidadania do adolescente infrator, de que sua mera ação acusatória venha a satisfazer suas atribuições. Ou, descompromissado com os resultados, compreenda que a ação acusatória, eminentemente penal, preenche o que a sociedade espera e o que a lei determina.

Certamente não será uma lei de execuções que modificará convicções. Mas, se o sistema de justiça não estiver vinculado com os resultados, não estará assegurando à sociedade que entre a execução de medidas socioeducativas e a execução da pena existe alguma diferença. E, se os resultados não apontarem que a ação socioeducativa tinha finalidade pedagógica, por omissão do sistema, haverá mera transposição do mundo adolescente infrator para o mundo adulto criminoso, outra vez na ilusão de que a pena ressocializará. O infrator de hoje será o criminoso de amanhã.

No capítulo que segue, caso, como "o de Maria", apresentado por Konzen em seu livro, passará a integrar o presente trabalho, com situações de "João" que devem inquietar o sistema de justiça, que não deve ser tutelar na resposta aos atos em conflito com a lei, mas que está inserido no contexto da proteção integral, na responsabilidade educativa de suas sanções.

E, mais uma vez, para que possa introduzir a relação sancionadora e educativa, em busca da efetividade das medidas socioeducativas, conforme a verificação prática sobre os casos que serão relatados, cito Flavio Frasseto, que diz:

> De outro lado, como sancionar não é o objetivo, nem estratégia, temos aqui outra regra hermenêutica: nenhuma medida pode ser aplicada sob pretexto de que outra mais branda significaria impunidade. Mais. Se sancionar não é o objetivo da medida, caso se atinja o escopo de prevenção especial através de outras maneiras, a medida perde seu objetivo, ou melhor, seu objeto e deve ser extinta. (Frasseto, 2006, p. 4)

Com isto, segundo Frasseto, deixar de aplicar medidas socioeducativas também seria pedagógico, se o primeiro plano da ação do sistema de justiça for o da prevenção especial, impedindo novas atitudes infracionais. Não havendo outro interesse maior do que o interesse do adolescente, o Estado assumirá a ação protetiva, abandonando o caráter retributivo da sanção, extinguindo-se a medida eventualmente imposta. Não estaria tal apreciação retomando a dimensão tutelar da intervenção estatal, vinculada à doutrina passada?

Pois é a partir de caso concreto, que no próximo capítulo exponho, que busco verificar se o Estado tutelar na ação socioeducativa, por meio do sistema de justiça, será sempre um Estado da situação irregular, ou se também poderá ser um Estado da proteção integral.

4. Da teoria à prática – um caso concreto, sua história e seu resultado

Reservei este derradeiro capítulo para relacionar a discussão teórica até agora travada com a prática das ações do sistema de justiça, na narrativa de situação concreta, a partir de caso de adolescente em conflito com a lei. O nome que aqui constará é fictício.

O CASO DE JOÃO

A história social e familiar de João pode ser assim descrita: filho de pais separados (o pai, com deficiência mental, hoje interditado, reside na casa dos avós de João), sempre viveu em casa humilde, localizada em bairro da periferia do município de Bento Gonçalves – RS, onde nas proximidades funcionaram, e, dizem, ainda funcionam, pontos tradicionais de venda de drogas. João é o terceiro filho, de quatro, sendo que o mais velho faleceu, com 19 anos de idade, em decorrência da AIDS, contraída em razão do uso de drogas injetáveis. A mãe de João exerceu função pública municipal, por certo tempo, até que foi anulado o concurso público, quando, então, passou a trabalhar em associação de reciclagem de lixo. Possui renda mensal de um salário mínimo. Segundo diversos relatos do Conselho Tutelar, a mãe sempre foi negligente com o filho, recebendo advertências daquele órgão, conforme permite o artigo 129 do

Estatuto da Criança e do Adolescente. Além disso, provocado seu comparecimento a reuniões de grupo de ajuda para familiares de pessoas dependentes químicas, não atendeu. João estudou até o 2º ano do ensino fundamental, não mais comparecendo na escola.

Sobre a inserção de João no uso de drogas, conselheira tutelar registra que a partir dos 8 anos de idade João passou a fazer uso de cola. Todavia, a primeira notícia dada ao sistema de justiça ocorreu no ano de 2003, quando estava com 15 anos de idade, sendo ele internado no hospital do município, enquanto o Conselho Tutelar providenciava vaga em instituição adequada. João fugiu do hospital, sendo que, a partir daí, passou a pedir esmolas pela rua, até que, em setembro de 2004, foi pela primeira vez internado para tratamento contra o uso de drogas, conforme indicação médica. Fugindo da clínica em outubro de 2004, João foi novamente encaminhado a tratamento em clínica, na cidade de Novo Hamburgo – RS, lá permanecendo 60 dias, fugindo em 20 de abril de 2005. Em novembro do mesmo ano, nova internação, agora no hospital Espírita, em Pelotas. De lá, em dezembro de 2005, foi conduzido diretamente ao Centro Terapêutico São Francisco, no município de Lajeado – RS, de onde foi desligado, em razão do mau comportamento, em 25 de janeiro de 2006, sendo entregue à mãe. Nos períodos em que João não esteve internado, permaneceu pelas ruas, no início pedindo esmolas, depois praticando atos infracionais de furto, conforme descrevo a seguir. Hoje, maior de idade, permanece pelas ruas do município, pedindo dinheiro até mesmo dentro de igrejas, correndo até o ponto de drogas tão logo junta o mínimo necessário, utilizando o crack e retornando em busca de mais dinheiro. Registra já diversas passagens policiais, com prisões em flagrante, ainda por furtos simples.

A história deste então adolescente conta que sua iniciação nos atos infracionais, com subtração de pequenos objetos, ocorreu em vizinha Comarca, no ano de 2002. Nesta época, estava o adolescente com 14 anos de idade, e, até então, não era conhecido no sistema de justiça. Vem ele a registrar seu primeiro ato de conflito com a lei, em Bento Gonçalves – RS, no dia 19 de julho de 2003, também na tentativa de subtração de objetos. O período coincide com o tempo em que passou a ser olhado pelo sistema de proteção, em razão de sua dependência às drogas ilícitas. Não foi localizado para apresentação, o que gerou, em 6 de abril de 2004, o arquivamento. Mais tarde, em 18 de novembro de 2005 foi apreendido em razão de mandado de busca, sendo apresentado em audiência. Falou sobre o ato infracional. Em 29 de novembro de 2005, o defensor público apresentou a defesa prévia. Mas, em razão de internações para tratamento, o processo foi suspenso, sendo que, em 2 de maio de 2006, foi extinto, em face da maioridade, sem imposição de medida socioeducativa.

O segundo ato infracional foi praticado no dia 24 de dezembro de 2003. Mais um furto (5). Sua história de atos infracionais passa a ser um indicativo de que a subtração de objetos está vinculada ao uso de substâncias entorpecentes, o que vem a se confirmar em 16 de março de 2004, quando encontrado caído na calçada de uma rua da cidade. Desencadeia-se, então, a medida de proteção, porque, segundo sua mãe, o adolescente apresentava "desvio de conduta desde os 12 anos de idade, fazendo uso de crack, sendo agressivo, alimentando-se mal e envolvendo-se em delitos" (sic). Considerando-se que o adolescente se encontrava em situação de risco, é determinada, pelo juiz da comarca, a internação para tratamento de desintoxicação, o que só foi possível em setembro de 2004. Em 18 de novembro de 2005, foi apreendido em razão de mandado de busca, sendo apresentado em audiência. Falou sobre o ato infracional. Em 29 de novembro de 2005, o defensor público apresentou a defesa prévia. Mas, em razão de internações para tratamento, o processo foi suspenso, sendo que, em 2 de maio de 2006, foi extinto, em face da maioridade, sem imposição de medida socioeducativa.

O terceiro ato infracional acontece na data de 7 de janeiro de 2004, furto, sendo o procedimento policial encaminhado ao Ministério Público em 8 de novembro de 2005. Apresentada a representação em 18 de novembro, designada audiência de apresentação perante o juiz para o dia 16 de março de 2006 (dois anos após a prática do ato infracional). O adolescente não compareceu, sendo determinada sua busca e apreensão. Até 15 de junho de 2006, aguardava cumprimento do mandado.

O quarto ato infracional ocorre em 6 de novembro de 2004, com a mesma tipificação anterior: furto. Iniciado o processo em 29 de dezembro de 2004, o servidor do judiciário não o encontra, informando que o adolescente "passa a maior parte do dia na rua, praticando atos infracionais, não estuda nem trabalha" (*sic*). Em 30 de setembro de 2005, o adolescente foi apresentado, admitindo a prática do ato infracional de furto, para adquirir drogas. O processo foi suspenso em razão da internação de João, que, após ter fugido e completado a maioridade, sendo arquivado no dia 2 de maio de 2006, no argumento judicial da falta de interesse processual, sem imposição de medida socioeducativa, em razão da maioridade.

O quinto ato infracional, de furto, ocorreu em 17 de junho de 2005, designada audiência de apresentação para o dia 25 de outubro de 2005. O adolescente não compareceu. No dia 18 de novembro de 2005, após ter sido localizado, foi apresentado, reconhecendo a autoria do furto, para comprar droga. Após regular apresentação de defesa, foi suspenso o processo em razão da internação para tratamento, sendo posteriormente arquivado no dia 2 de maio de 2006, no argumento judicial da falta de interesse processual, sem imposição de medida socioeducativa, em razão da maioridade.

O sexto ato, também de furto, ocorre em 18 de junho de 2005, designada audiência de apresentação para o dia 26 de outubro de 2005. O adolescente não compareceu. No dia 18 de novembro de 2005, após ter sido localizado, foi apresentado, reconhecendo a autoria do furto, para comprar droga. Após regular apresentação de defesa, foi suspenso o processo em razão da internação para tratamento, sendo posteriormente arquivado no dia 2 de maio de 2006, no argumento judicial da falta de interesse processual, sem imposição de medida socioeducativa, em razão da maioridade.

O sétimo ato infracional – furto –, foi de 31 de agosto de 2005. A representação do Ministério Público ocorreu em 18 de novembro de 2005. Designada audiência de apresentação para o dia 16 de março de 2006 (mais de 6 meses após o ato). O adolescente não compareceu, sendo determinada sua busca e apreensão. Até 15 de junho de 2006, aguardava cumprimento do mandado.

Os mesmos destinos de arquivamentos, em razão da maioridade, tiveram outros quatro processos, todos relativos a infrações patrimoniais, com anuência do Ministério Público.

A partir da história de João, frente a toda discussão teórica sobre o garantismo jurídico e a finalidade educativa das medidas socioeducativas, algumas observações são necessárias. A primeira dá conta de que o Ministério Público e o Poder Judiciário fizeram intervenções no sistema secundário das garantias, ou seja, na aplicação de medidas de proteção. Quanto ao sistema terciário, em momento algum foi determinado o cumprimento de medida, pelas fugas do adolescente, não encontrado nem mesmo para audiências de apresentação, ou pela priorização dada para o tratamento contra o uso de drogas. Seria esta última conduta um apego exagerado do sistema de justiça à doutrina tutelar, onde autorizado tratamento similar aos menores em situação irregular ou autores de atos contrários à lei?

Priorizando a proteção, estariam juiz e promotor presos à doutrina da situação irregular?

Na situação de João, optou o sistema de justiça pelo tratamento contra a drogadição, em face de suas respostas às indagações judiciais sobre os motivos que o levaram à prática de atos em conflito com a lei. Suspensos foram os processos infracionais, priorizando o tratamento. Talvez tenha assim agido por ingenuidade, ou quem sabe pela mera aplicação da lei, que permite ao jurista priorizar a medida de proteção, se empiricamente entender que é o primeiro passo de uma ordem seqüencial de ações estatais. Primeiro passo tardio, pois, segundo a história de João, contada por sua negligente mãe, ou pela agora conselheira tutelar, a cola entrou na vida daquela criança, depois adolescente, aos 7 ou 8 anos de idade, quando a intervenção estatal já se fazia adequada. Não por um sistema sancionador, mas pela proteção capaz de inibir os atos de conflito legal.

Passaram-se os anos até que João não mais encontrasse disponível, de forma gratuita, a "simples" cola, avançando para a necessidade de outras drogas, pois, como ele mesmo confessara, era dependente de crack. Se os objetos de sua casa não eram suficientes, avançar sobre coisas alheias tornou-se a única via de sustentação de sua dependência, quando ingressa na seara infracional. Sete anos passaram para que o primeiro ato infracional surgisse, seguido de muitos outros, sendo que, durante quatro anos, houve a tentativa de permitir a João enfrentar sua dependência, mesmo que isolado em clínicas. Todavia, a família era a mesma, o meio social era o mesmo e a ausência de alguém como referência permanecia. O que faria o promotor de justiça e o juiz acreditarem que suas ações de proteção eram prioridades frente à ação socioeducativa e que João, tratado e recuperado de sua dependência química, poderia receber como prêmio o arquivamento de seus processos infracionais?

Não teria sido mais educativo fazê-lo compreender, mesmo que por meio de uma sanção, que o uso de drogas poderia levá-lo ao fundo do poço, pois os atos contra a lei avolumavam-se? No entanto, somente a proposta de tratamento foi apresentada; João submeteu-se a algumas intervenções terapêuticas, sem resultados significativos, o que faz, agora jovem-adulto, permanecer na busca da droga. E, mesmo assim, recebeu como prêmio o arquivamento de seus processos, por ter implementado a maioridade. Não estaria o sistema de justiça sendo co-responsável por eventuais atos contra a lei que João está cometendo na maioridade? E, agora, a pena então será educativa?

Não existiu a natureza sancionatória das medidas e, por isso, não é possível se falar em educação. Mas, asseguraram-se ao adolescente todas as garantias processuais, com a formalização de várias representações ofertadas pelo Ministério Público, acolhidas pelo Juiz, com designação de audiência, mesmo que com prazos dilatados em algumas situações, e apresentação da defesa técnica, assegurando o devido processo legal.

Pelo prisma jurídico, seria possível discutir os arquivamentos, pois todos em razão da maioridade do adolescente. Sabendo-se que a lei permite a aplicação e execução de medidas socioeducativas até os 21 anos de idade, parece que, no enfoque sancionador, haveria um erro do sistema de justiça. Mas, a questão que me parece indissociável é saber se a sanção, agora, estando João com 18 anos de idade, pode ser pedagógica. Pedagógica para a construção de valores, e não simplesmente para fazer o adolescente entender que ao ilícito corresponde uma medida estatal. Porque isso ele também poderá saber no sistema penal comum, tão logo reincida na prática de crimes contra o patrimônio.

Conclusão

O presente estudo procurou estabelecer as relações de encontros e desencontros das ações jurídicas, adotadas pelos operadores do direito, assim identificados os juízes, promotores de justiça e também advogados, com as ações pedagógicas postas à disposição pelo Estatuto da Criança e do Adolescente para resposta estatal aos atos dos adolescentes em conflito com a lei. Analisando as medidas socioeducativas, necessário foi propor a discussão sobre qual conceito de pedagogia prevalece para o operador do direito, quando se vê frente à provocação de uma decisão que confira ao infrator uma reação retributiva, própria do caráter penal, mas que também se apropria de outros conceitos inerentes a ciências diversas, para assegurar que a educação é a finalidade primordial da sanção.

Quando refiro os operadores do direito, e assim fiz ao longo do texto, trato sobre a indivisibilidade da compreensão que todos devem ter sobre a real finalidade da medida socioeducativa, pois de nada adianta a perfeita interpretação de um dos atores do sistema, se outro compreendê-la, na sua essência, de forma diversa. Se para o sistema de justiça a finalidade da medida for meramente retributiva, pouco adiantará a formação de uma rede interdisciplinar de atenção às medidas em meio aberto, porque a finalidade pedagógica estará relegada à contagem de horas de tarefas ou de visitas aos orientadores. Com isso, resguardadas as atribuições de cada operador jurídico, relevante será, por primeiro, verificar se sentem-se integrantes de uma rede de atendimento, ou se suas participações estão, tal qual na esfera penal comum, associadas exclusivamente à produção numérica, de representações, de defesas, de sentenças.

Na verdade, para que o sistema de justiça possa exercer sua função retributiva com intervenções de ordem pedagógica na matéria penal juvenil, precisa estar aberto à interdisciplinaridade, pois o Estado Democrático de Direito é um estado social, comunitário, pedagógico, e também jurídico. Mas não só jurídico.

Abrindo o sistema de justiça o horizonte para visualização de uma inter-relação da norma com o processo educativo, estará dando um passo para aceitação de ser a medida socioeducativa , mesmo que uma penalidade, um início de (re) construção do sujeito. A construção deste sujeito passa pelo disciplinamento, o que, na visão de Durkheim, vem a ser o fator principal das relações morais. Mas a moral, produto da relação em sociedade e por ela mesma produzida, impõe a internalização da norma. A abnegação à norma, segundo elemento da ordem moral, é força coercitiva para contenção dos impulsos, e, por isto, o caráter sancionador poderá ter relevante papel educativo. Disciplinado, conhecedor da norma e das suas conseqüências para atos que a ela afrontem, poderá emergir, ainda conforme Durkhein, a autonomia da vontade, que levará ao cumprimento das regras de forma voluntária. Estar ciente de que a obediência à norma pela construção mental sobre os significados da sanção é um processo educativo, passa a ser obrigação do sistema de justiça, quando impõe a medida. Mas, também, quando a fiscaliza através de instrumentos eficazes para avaliação dos resultados, pois, se assim não for, a medida não é socioeducativa, mas puramente penal. É parte da dimensão educativa, ainda, preocupar-se com a realização pessoal dos sujeitos da medida, o que implica abrir-lhes portas para oportunidades de afirmação pessoal, desenvolvimento de novos conhecimentos e experimentação de relações humanas solidárias, de respeito e reconhecimento.

O garantismo, portanto, com vênia da profícua defesa jurídica a tal conceito associado, não pode ser tido, na área infracional, como elemento puramente jurídico. Aliás, assim também não será na defesa dos direitos fundamentais e sociais, onde se insere o direito à educação, eis que a pura condição de igualdade perante a lei já pode conduzir à conclusão sobre a existência de um garantismo educativo. Por isso que apontei para uma discussão sobre a faceta de um garantismo interdisciplinar, onde a implementação da norma da infância e juventude, em toda a extensão do Estatuto da Criança e do Adolescente, só terá eficácia de resultado se vista sob o ângulo da relação pedagógica, social, psicológica e jurídica.

Se o sistema de justiça for lento, não haverá garantismo. Talvez alguns defendam a existência de um garantismo jurídico, na medida em que a adequação típica (ato infracional contrário à norma) teve resposta estatal, contemplando-se as formalidades de um processo penal juvenil, onde figuraram todos os personagens a que a lei atribui papéis. Mas, sob o prisma pedagógico, o retardamento na internalização da norma compromete a disciplina e a construção de valores, e o garantismo jurídico cairá na retórica defesa do cumprimento da lei pelos operadores jurídicos. Diferente não será se a execução das medidas socioeducativas estabelecer uma relação meramente formal, de cumprimento de atividades pelas atividades, sem que se permita passear pelo familiar, social e psicológico do adolescente infrator. Haverá garantias de ordem material e processual. Mas, desconfio da ausência da ordem moral e educativa.

A visão do sistema de justiça é que motiva a reflexão sobre a existência de dimensão pedagógica nas medidas socioeducativas.

E, se no contexto de uma medida socioeducativa quis o Estatuto da Criança e do Adolescente que ao adolescente em conflito com a lei também fosse garantido o direito à educação, é o sistema de justiça responsável pela possibilidade da implementação prática de tal direito, no enfoque da construção do sujeito. Mas, com absoluta certeza, não será somente na conferência de planilhas ou relatórios de horas trabalhadas que o sistema de justiça estará engajado na defesa de uma dimensão pedagógica das medidas socioeducativas.

Devo reconhecer que o Ministério Público gaúcho, tal como a Magistratura, tem suprido a ausência de políticas públicas, que causam situações de desequilíbrios, quando sonegados direitos fundamentais ao público infanto-juvenil, como a educação escolar, a saúde, entre outros. Entretanto, além destas importantes correções da injusta distribuição de direitos, há necessidade de tentar corrigir, por meio da educação, o comportamento de conflito com a lei, talvez fruto exatamente da ausência de políticas públicas para a infância e adolescência.

O promotor de justiça e o juiz de direito não estarão na execução das medidas socioeducativas, mas a fiscalização sobre as ações propostas ao adolescente para o resgate de seu valor, do valor de sua vida, será um início de implementação do compromisso institucional. Se estiver disso distante, estará admitindo que os sistemas penal juvenil e penal do adulto possuem tênue limite, talvez diferenciados somente pelo processualismo. E, certamente, não haverá que se admitir a existência do garantismo, nem mesmo jurídico, porque toda a ação penal juvenil visa a uma sanção de finalidades educativas. Imaginar que a educação estará na isolada compreensão do adolescente de que seu ato contrário à lei não mais pode se repetir será mais do que mera ingenuidade. Será irresponsabilidade de todo um sistema de garantias atribuído ao sistema de justiça, movendo o adolescente infrator, salvo raras exceções, em direção ao sistema penal, tão logo implementada a maioridade.

Por tudo, possível concluir que só há proteção integral quando todas as dimensões de garantias forem harmônicas. Não pode haver um garantismo isolado: o jurídico, o social, o educativo. Há um sistema de garantias, que só tem plena eficácia se suas ações, em rede, buscarem uma efetividade que passa por uma compreensão interdisciplinar. Não há mais espaço para a onipotência, nem mesmo para conceitos fechados de ordem jurídica. Continuará existindo a adequação das ciências às descobertas de outras, mas na busca de uma finalidade única: a efetividade das ações para construção dos sujeitos.

Afastando-se da relação interdisciplinar, na tentativa de ver de perto somente o jurídico, estará o operador jurídico, que trata da matéria socioeducativa, encontrando o seguinte resultado: natureza jurídica – sancionatória; finalidade – punitiva.

Permitindo a interação das dimensões garantistas, quem sabe a finalidade, conforme o comprometimento de cada agente do sistema de justiça, e de todo o sistema de justiça, possa vir a ser pedagógica, em busca da construção que o adolescente possa estabelecer consigo e com os outros.

Referências bibliográficas

ALBERGARIA, Jason. *Comentários ao Estatuto da Criança e do Adolescente*. Rio de Janeiro: Aide, 1991.

AQUINO, Julio Groppa (org). *Indisciplina na escola: alternativas teóricas e práticas.* São Paulo: Sumus, 1996.

ARANGO, Rodolfo. *Os desafios dos direitos sociais.* Revista do Ministério Público do Rio Grande do Sul, n°56. Porto Alegre. Livraria do Advogado, 2005.

BAUMAN, Zygmunt. *Modernidade Líquida.* Rio de Janeiro: Jorge Zahar, 2001.

BONFIM, Edílson Mougenot e CAPEZ, Fernando. *Direito penal.* São Paulo: Saraiva, 2004.

BOURDIEU, Pierre. *Coisas Ditas*; trad. Cássia R.da Silveira e Denise Moreno Pegorim. Brasiliense, 1986.

BRUNER, Jerome. *A cultura da educação*; trad. Marcos A. G. Domingues. Porto Alegre: Artmed, 2001.

COSTA, Ana Paula Motta. *As garantias processuais e o direito penal juvenil.* Porto Alegre: Livraria do Advogado, 2005.

COSTA, Antônio Carlos Gomes da. *Aventura pedagógica: caminhos e descaminhos de uma ação educativa.* 1ª ed., São Paulo: Columbus, 1990.

COSTA. Rovílio. *Delinqüência juvenil: antecedentes.* 2ª ed., Porto Alegre: UCS-EST,1976.

CRAIDY, Carmem Maria e GONÇALVES, Liliana Lemos. *Medidas socioeducativas: da repressão à educação.* Porto Alegre: UFRGS Ed., 2005.

CURY, Munir; SILVA, Antônio Fernando do Amaral e; MENDEZ, Emilio Garcia (coord.). *Estatuto da criança e do adolescente comentado: comentários jurídicos e sociais.* 2ª ed., São Paulo: Malheiros Editores, 1996.

DELORS, Jacques (Pres.). *Educação: um tesouro a descobrir* – Relatório para a UNESCO da Comissão Internacional sobre educação para o século XXI. 2ª ed. Edições ASA, 1996.

FERRAJOLI, Luigi. *Direito e Razão: Teoria do garantismo penal.* São Paulo: Revista dos Tribunais, 2006

FERNANDES, Vera Maria Mothé. *O adolescente infrator e a liberdade assistida: um fenômeno sócio-jurídico*. Rio de Janeiro: CBCISS, 1998.

FISHMAN, H. Charles. *Tratando adolescentes com problemas: uma abordagem da terapia familiar*. Porto Alegre: Artes Médicas, 1996.

FONTOURA, Amaral. *Introdução à sociologia*. 2ª ed. Rio de Janeiro: Globo, 1953.

FOUCAULT, Michel. *Vigiar e punir*. 26ª ed., Petrópolis: Editora Vozes, 2002.

FRASSETO, Flávio Américo. *Pela necessidade de uma doutrina do processo de execução de medidas sócio-educativas:breves comentários à proposta de lei de diretrizes sócio-educativas*. Disponível em: http://www.abmp. org.br/sites/frasseto Acessado em: 28/06/07.

FREITAS, Ana Lúcia Souza de. Pedagogia da Emancipação. In: *Revista Viver Mente & Cérebro*; Coleção Memória da Pedagogia nº 6. São Paulo: Duetto Editora, 2006

FREUD, Sigmund. *O mal-estar na civilização*; trad. José Octávio de Aguiar Abreu. São Paulo: Abril Cultural, 1978.

GOES, Maria Amélia Sampaio. *O direito á educação de crianças e adolescentes, as políticas públicas e a dimensão pedagógica do Ministério Público*. In: Âmbito Jurídico, AGO/01. Disponível em: http://www.ambito-juridico.com.br/aj/eca0014. htm. Acessado em: 08/06/05

IMBERNÓN, F. (org.). *A educação no século XXI: os desafios do futuro imediato*. 2ª ed. Porto Alegre: Artmed, 2000.

KONZEN, Afonso Armando. *Pertinência socioeducativa: reflexões sobre a natureza jurídica das medidas*. Porto Alegre: Livraria do Advogado, 2005.

LIBERATI, Wilson Donizetti. *Adolescente e ato infracional: medida sócio-educativa é pena?* São Paulo : Juarez de Oliveira, 2003.

——. *O Estatuto da Criança e do Adolescente: comentários*. Rio de Janeiro : Marques Saraiva Gráficos e Editores, 1991.

MARQUES, Antonio Emílio Sendim; BRANCHER, Leoberto Narciso (coord.). *Pela Justiça na educação*. Brasília: Fundescola/MEC, 2000.

MEIRIEU, Philippe. *A pedagogia entre o dizer e o fazer: a coragem de começar*. Trad. Fátima Murad. Porto Alegre: Artmed, 2002.

MENDEZ, Emilio Garcia. *Por uma reflexão sobre o arbítrio e o garantismo na jurisdição sócio-educativa*. Disponível em http://www.mp. rs.gov.br/infancia/doutrina. Acessado em 12/05/06.

MENESES, Elcio Resmini. *As instituições e a eficácia dos limites aos adolescentes*. Bento Gonçalves: Ed. do autor, 2002.

MORIN, Edgar. *A cabeça bem-feita;* trad. Eloá Jacobina. Rio de janeiro: Bertrand Brasil, 2000.

——. *Os sete saberes necessários à educação do futuro*; trad. Catarina Eleonora F. da Silva e Jeanne Sawaya. 8ª ed., São Paulo: Cortez, 1999.

——. *Saberes globais e saberes locais: o olhar transdisciplinar*. 4ª ed. Garamond Ltda (Série Idéias Sustentáveis do Centro de Desenvolvimento Sustentável da Universidade de Brasília – Mesa Redonda realizada em 10.06.99); 2004.

MUNIZ, Regina Maria Fonseca. *O direito à educação*. Rio de Janeiro: Renovar, 2002.

NOGUEIRA, Paulo Lúcio. *Estatuto da Criança e do Adolescente comentado*. São Paulo: Saraiva, 1991.

PERALVA, Angelina. *Violência e democracia: o paradoxo brasileiro*. Paz e Terra, 2001.

PEREIRA, Tânia da Silva. *Direito da Criança e do Adolescente: uma proposta interdisciplinar*. Rio de Janeiro: Renovar, 1996.

PILOTTI, Francisco; RIZZINI, Irene (Org.). *A arte de governar crianças: a história das políticas sociais, da legislação e da assistência à infância no Brasil*. Rio de Janeiro: Instituto Interamericano Del Niño, Editora Universitária Santa Úrsula, Amais, 1995.

RAMIDOFF, Mário Luiz. *Lições de direito da criança e do adolescente: ato infracional e medidas sócioeducativas*. Curitiba: Juruá Editora, 2006.

REVISTA DO MINISTÉRIO PÚBLICO. Vol. 40. Jan/jun. Porto Alegre: Edições Ciência Jurídica, 1998.

REVISTA DO MINISTÉRIO PÚBLICO. Vol. 40. Jan/jun. Porto Alegre: Livraria do Advogado Editora, 2005

REVISTA PRESENÇA PEDAGÓGICA. *Entrevista Jean Hébrard: O objetivo da escola é a cultura, não a vida mesma*. Vol. 6, n° 33. Maio/jun. Ed. Dimensão, 2000.

REVISTA VIVER MENTE & CÉREBRO. *Paulo Freire: a utopia do saber*. Coleção Memória da Pedagogia n° 4. São Paulo: Duetto Editora, 2005.

REVISTA VIVER MENTE & CÉREBRO. *Perspectivas para o novo milênio*. Coleção Memória da Pedagogia n° 6. São Paulo: Duetto Editora, 2006.

RIZZINI, Irene. *A arte de governar crianças: A história das políticas sociais, da legislação e da assistência à infância no Brasil*. Rio de Janeiro: Editora Universitária Santa Úrsula, 1995.

ROSA, Alexandre Morais da. *Direito Infracional: Garantismo, psicanálise e movimento antiterror*. Florianópolis: Habitus Editora, 2005.

SARAIVA, João Batista Costa. *Adolescente em conflito com a lei: da indiferença à proteção integral – uma abordagem sobre a responsabilidade penal juvenil*. Porto Alegre: Livraria do Advogado, 2003.

SARAIVA, João Batista Costa. *Compêndio de direito penal juvenil: adolescente e ato infracional*. 3ª ed. Porto Alegre: Livraria do Advogado, 2006.

SEBARROJA, Jaume Carbonell (Org.). *Pedagogias do século XX*. Porto Alegre: Artmed, 2003.

SILVA, José Afonso da. *Curso de direito constitucional positivo*. 8ª ed. São Paulo: Malheiros, 1992.

SILVA, Luiz Heron da (Org). *A escola cidadã no contexto da globalização*. Petrópolis: Vozes, 1998.

SILVA, Tomaz Tadeu da (Org.). *O sujeito da educação – Estudos Foucaultianos*. Petrópolis: Vozes, 1994.

SINGER, Helena. *República de crianças: Sobre experiências escolares de resistência*. São Paulo: Hucitec, 1997.

TRINDADE, Jorge. *Delinqüência juvenil: uma abordagem transdisciplinar*. 2ª ed., Porto Alegre: Livraria do Advogado, 1996.

VELHO, Gilberto (Org.). *Cidadania e violência*. Rio de Janeiro: Editora UFRJ, 1996.

VIAN, Itamar Navildo; MOSQUERA, Juan José Mouriño; COSTA, Rovílio (org.). *Personalidade e ciencia social*. Porto Alegre: Livraria Sulina Editora, 1974.

WEIL, Pierre; D'AMBROSIO, Ubiratan; CREMA, Roberto. *Rumo à nova transdisciplinaridade*. São Paulo: Summus Editorial, 1993.

Impressão:
Evangraf
Rua Waldomiro Schapke, 77 - P. Alegre, RS
Fone: (51) 3336.2466 - Fax: (51) 3336.0422
E-mail: evangraf.adm@terra.com.br